VIE

DE

MICHEL-CHARLES

MALBESTE.

VIE

DE

MICHEL-CHARLES

MALBESTE,

CHANOINE HONORAIRE DE PARIS,

ANCIEN CURÉ DE SAINTE-ÉLISABETH ;

PAR M. L'ABBÉ FRAPPAZ,

Chanoine honoraire d'Agen, du clergé de Sainte-Élisabeth de Paris.

PARIS.

SAGNIER ET BRAY, LIBRAIRES-ÉDITEURS,

Rue des Saints-Pères, 64.

—

1845

LETTRE DÉDICATOIRE.

A Sa Grandeur

MONSEIGNEUR DE VESINS,

ÉVÊQUE D'AGEN.

Monseigneur,

Partout je cherche les occasions de vous parler de ma reconnaissance, et je saisis avec empressement celle qui s'offre à l'expression de mes sentiments, espérant que Votre Grandeur daignera répondre à mes vœux.

Il y a deux ans, je fis pour ma paroisse une Notice sur la vie d'un homme qui fut, pendant plus de vingt années, le pasteur et le père de Sainte-Elisabeth. Le favorable accueil qui lui a été fait m'a déterminé à revoir l'ouvrage, à le refaire entièrement, et à le rendre un peu plus digne de celui dont je retrace la vie; oserai-je ajouter, Monseigneur, que j'ai cherché à le rendre digne aussi de Votre Grandeur, pressé par mon désir de le voir paraître sous vos auspices. Ma reconnaissance m'a inspiré cette heureuse pensée; je l'ai saisie.

Un des premiers prêtres de Paris

qui refusa le serment, fut le respectable M. Malbeste, et le premier Evêque qui donna à l'Eglise de France le noble exemple d'une vie sacrifiée à son devoir et à sa foi, fut un Evêque d'Agen ; n'est-il pas juste de les joindre dans un même sentiment de vénération ! Ma gratitude sera le lien de cette union. Historien de ce prêtre révéré, j'ose prendre la respectueuse liberté de supplier le successeur de ce prélat martyr, d'honorer de son suffrage de si glorieux souvenirs.

Daignez, Monseigneur, agréer la dédicace de ce Livre ; votre bonté en fera dès lors tout le mérite, et la bénédiction divine ne pourra plus manquer à la vie d'un saint prêtre que protégera le nom d'un Évêque, que le clergé de France aime à compter parmi ses plus saints prélats.

J'ai l'honneur d'être avec le plus profond respect,

Monseigneur,

De Votre Grandeur,

Le très-humble et très-obéissant Serviteur,

Z. FRAPPAZ,
Chanoine honoraire d'Agen.

VIE

DE

MICHEL-CHARLES

MALBESTE.

CHAPITRE I.

Sa naissance. — Dispositions de son enfance. — Sa première Communion. — Son entrée au collége. — Delille. — Il fait le catéchisme à Sainte-Marguerite. — Son ordination. — Il célèbre sa première Messe. — Il est nommé vicaire à l'église Saint-Paul. — Détails sur cette église.

Dans la Cité, près l'église de Saint-Barthélemy aujourd'hui détruite, vivait, au sein d'une obscurité heureuse, une famille de commerçants en quincaillerie, nommée *Malbeste*. La piété la plus exemplaire, la vie la plus irréprochable, la probité la plus exacte dans les affaires, environnaient cette famille d'une estime universelle, et le ciel y avait joint ses bénédictions. La naissance de celui dont je retrace l'histoire en est le consolant témoignage. Déjà, selon l'usage de ces temps d'antique foi, la pieuse mère avait placé sous la garde de Marie l'enfant que Dieu renfermait en son sein. Il naquit le 14 mars 1754, et pour reconnaître le bienfait de la protection divine, les mains de l'heureuse mère le revêtirent, au jour de son baptême et dans les années de sa tendre enfance, de vêtements blancs, symboles de dévouement et d'innocence.

L'enfant reçut dans l'église le nom de *Michel-Charles*.

Souvent l'homme tout entier se révèle dans les premières années de la vie. Il se laisse, en quelque sorte, pressentir dans ses moindres actes ou dans ses moindres mots, et ce pressentiment jette du charme sur tout ce qui tient à cet âge de l'enfance.

Je ne puis donc taire certains traits échappés à ce temps de la vie de notre jeune Malbeste ; on aime à y entrevoir déjà cette piété, cette ardeur pour l'étude et cette amabilité si pleine de grâce, qui, dans la suite, le rendirent tout à la fois le modèle du sacerdoce et l'ornement du monde.

Agé de cinq années seulement, il savait les prières de l'Église et se plaisait à chanter les psaumes dont la psalmodie l'avait frappé, et quand sa pieuse mère allait, au pied des autels, invoquer pour son enfant la protection divine, aussitôt notre chantre novice entonnait ses psaumes et ses antiennes. Chaque fois sa voix enfantine distrayait les âmes silencieuses qui, pieusement prosternées devant Dieu, priaient peut-être aussi pour leurs jeunes enfants ; et si, le doigt sur la bouche, sa mère lui disait de se taire, sa voix redoublait de force, son chant devenait plus bruyant : il fallait céder et se retirer dans les lieux les plus écartés. On eût dit que l'église était son domaine, et si je puis m'exprimer ainsi : *son chez lui.*

Une autre inclination se joignait dans le jeune Michel à cet amour précoce du chant religieux : la lecture.

Le goût des livres est sans contredit l'un des plus excellents moyens qui puisse servir au développement de l'intelligence dans un enfant ; mais nul penchant de l'enfance n'a peut-être besoin d'une surveillance plus rigoureuse. L'homme n'est vraiment homme que par la vie morale ; et par le double poison qu'il distille, dans l'intelligence en la pervertissant, et dans le cœur en le corrompant, un mauvais livre en étouffe le germe, il la tue.

La digne famille Malbeste avait compris l'avantage et les dangers de la lecture : l'examen le plus sévère présidait au choix des livres que leur enfant avait permission de lire, et c'était sous les yeux de son père et de sa mère qu'il puisait ce petit trésor de connaissances qui, s'augmentant et s'étendant tous les jours à proportion du développement de ses facultés, lui assurèrent plus tard ce goût des bonnes études et ce jugement sain qu'on trouva toujours si remarquables en lui.

Tous ces soins portèrent leurs fruits; le jeune Michel y répondit avec tant de zèle, que, ravi de ses heureuses dispositions, un ami de la famille, professeur distingué dans l'un des colléges de Paris, voulut leur donner une direction sage et utile, et proposa de se charger jusqu'à ses vingt années de l'entière éducation de l'enfant. Une semblable proposition était de nature à flatter l'amour-propre et l'espérance d'avenir, que donnent naturellement à des parents les premières lueurs des bonnes qualités de leur fils, mais leur tendresse l'emporta : l'offre fut refusée.

Les années s'avançaient, et le jeune Michel était arrivé à ce temps où se prépare, dans la jeunesse, un de ces actes qui influe si singulièrement sur la vie entière. Il est, en effet, parmi les beaux jours de l'existence de l'homme sur terre, un jour qui les efface tous par le bonheur qu'il donne, et les souvenirs qu'il laisse à l'âme après lui; un jour, où les anges du ciel unissent leurs chants d'amour aux chants d'allégresse des anges de la terre; un jour, où l'âme innocente et libre de toute inquiétude de la vie savoure d'avance les délices de l'éternité; un jour enfin, qui fait tressaillir un bon père, qui met au cœur des mères ce bonheur que seules elles ressentent si parfaitement dans le bonheur de leurs enfants; et ce jour, c'est celui de la première communion. Michel était alors à Neuilly, et ce fut en ce village que Jésus-Christ prit, pour la première fois, possession du cœur de son enfant.

Depuis ce moment heureux, sa piété s'accrut, ses dispositions acquirent plus de perfection ; on sentait que la grâce façonnait cette âme candide à l'accomplissement de mystérieux desseins. La providence ne tarda pas à les manifester.

Michel atteignait sa quatorzième année, et à cet âge l'avenir commence à s'annoncer. On sent qu'il faut enfin entrer dans la vie sociale ; et laissant de côté les caprices et les légèretés de l'enfance, on sent qu'il est temps de vivre des devoirs et de la vertu de l'homme. Dieu avait marqué la route dans laquelle devait marcher son enfant ; et, dans de douces et puissantes inspirations, tournant vers cette voie les inclinations de sa jeune âme, il l'avait appelé à l'honneur de le servir. Michel entendit cette parole secrète, il y prêta une oreille attentive, et rentrant en lui-même, il voulut la méditer dans le silence de son cœur. Quelques mois s'écoulèrent dans ces méditations, il se soumit; convaincu de la vérité de sa vocation, il va trouver sa pieuse mère et lui fait part de son projet d'entrer dans le sacerdoce. Mère chrétienne, elle s'honora du choix de Dieu, et donna aux désirs de son fils son entier consentement. Le père du jeune Michel y joignit le sien avec joie, et tous les deux, d'un commun accord, le placèrent comme externe au collége de Louis-le-Grand.

Tel il avait été dans sa famille, tel il fut au milieu de ses compagnons d'études. Toujours le calme dans l'âme, toujours Dieu avec lui; il aimait le plaisir, mais ce plaisir qui ne laisse jamais après lui de remords; il se livrait volontiers à la gaîté, si naturelle à la jeunesse, mais à cette gaîté qui vient de Dieu et ne sait pas corrompre; en un mot, il cherchait les entretiens des hommes sages pour s'édifier; il consultait les plus savants pour s'instruire; il ambitionnait des amis pour s'exciter à la vertu; et ne nous étonnons pas de cette sagesse précoce : bon chrétien et bon fils, pouvait-il ne pas être un écolier parfait?

De fortes et brillantes études furent le fruit de tant d'heureuses dispositions, et plus d'une fois son front modeste eut à rougir de la gloire dont le couronnaient ses succès. Affectionné particulièrement de tous ses maîtres, il fut surtout l'objet d'une préférence spéciale de la part du plus illustre des professeurs du collége : Delille, cet homme immortel, dont le nom rappelle aujourd'hui encore tout ce qu'il y a de science, de grâce et de bonté, porta à son élève l'affection la plus paternelle. « *J'ai beaucoup aimé l'abbé Delille,* « disait M. Malbeste ; *avant la révolution* « *nous étions presque inséparables. Il me* « *consultait sur ses poésies ; et, comme il* « *traduisait alors Virgile, il me lisait* « *souvent ses vers, écoutait mes observa-* « *tions, et s'y soumettait quelquefois,* « *mais non sans d'assez vives discussions.* « *La tourmente révolutionnaire nous sé-* « *para.* » Sous l'empire, toutefois, le maître et le disciple se rencontrèrent de nouveau, et comme aux jours passés, la littérature et la poésie firent encore les sujets ordinaires de leur conversation.

Une intimité si grande avec le gracieux peintre des jardins et des champs, dut nécessairement échauffer la verve poétique de M. Malbeste ; les vers les plus agréables coulaient de sa plume et de son imagination. J'aurais voulu retrouver les inspirations de cette âme si pure, si aimante, si naturelle; mais le temps a dissipé ces essais de sa muse : et quel temps !

A ce maître si distingué dans les lettres, et si justement environné de l'estime générale, le jeune Malbeste eut le bonheur de voir succéder, pour ses études théologiques, le savant abbé Delahogue, à qui la religion et l'Église doivent deux traités aussi précis que solides.

Il acheva enfin le cours de ses études; mais trop jeune encore pour recevoir les saints ordres, il se mit à la disposition de M. le curé de Sainte-Marguerite, qui, voulant lui prouver l'estime que lui inspiraient sa vertu et ses talents, lui confia l'honorable fonction de catéchiser les enfants de sa paroisse. Le vénérable pasteur comblait ainsi une partie des vœux du jeune lévite, et bientôt il eut lieu de s'en applaudir.

Dès ce moment son âme sacertodale se révéla. Déjà, petit avec les petits, charitable et plein de patience, il répandait sur toutes ces intelligences faibles les rayons de la lumière divine, et sa parole douce et pénétrante apprenait, à ces jeunes cœurs, la seule science capable de consoler dans toutes les infortunes, de fortifier dans toutes les tentations, de contenter tous les désirs : la science de l'amour de Dieu. Ainsi partagé entre les occupations saintes d'un ministère difficile et toutefois de si grande utilité, et les études de la théologie, qu'il vivifiait par la grâce et l'onction de la prière, M. Malbeste se prépara à ses examens de la Sorbonne et au grand jour de son ordination. Dieu était avec lui, il bénit ses travaux et son zèle. La Sorbonne l'accueillit avec faveur ; et par dispense d'âge, Monseigneur Christophe de Beaumont, Archevêque de Paris, lui conféra l'ordre de la prêtrise, au mois de mai 1777. Il était alors âgé de vingt-trois ans.

Le prêtre a eu de tout temps une belle et noble mission à remplir parmi les hommes : c'est le prêtre que Dieu a chargé du soin de les conduire au salut ; c'est donc à lui que l'Évêque, au nom de Jésus-Christ, qui l'adopte dès le jour de son ordination pour le ministre de son Église, a confié la dispensation des mystères de la miséricorde divine et la prédication des vérités éternelles. Fort de la force même de celui qui l'envoie, le prêtre va, il administre, il enseigne : tout à tous pour les gagner tous à Dieu, il ne veut pas qu'il y ait homme sur terre qui ne ressente les effets de sa charité. Il est vrai que des dangers l'environnent ; mais le Seigneur le garde, sa grâce le protège. On l'attaque, il se tait ; on le calomnie, il prie ; on le maudit, il bénit et il aime. Toutes les tempêtes du monde ne peuvent faire obstacle à ses généreux efforts : sa mission est d'en haut; Dieu seul qui la lui donne a seul le droit de l'arrêter. Le sacerdoce est un lien qui attache le cœur de celui qui est appelé, au cœur de celui qui appelle ; dans cette union sacrée, est la source des consolations que procure à l'âme du prêtre l'exercice de ses fonctions, et parmi ces fonctions, la plus auguste de toutes, la messe. Qu'il est doux pour un jeune ministre de Dieu de consacrer pour la première fois le pain que sa parole a fait le pain des anges! Dans ce moment il y a foi vive dans son cœur ; il y a charité qui le presse ; il y a ravissement! Le jeune abbé était digne de comprendre cette joie que l'apôtre appelle si parfaitement la joie du Saint-Esprit ; et ce jour, où pour la première fois il célébra les saints mystères dans la chapelle des Dames Anglaises, fut pour lui un jour de félicité toute céleste.

Je l'ai connu soixante ans après que se fut écoulée cette heureuse époque, et le souvenir lui en restait délicieux comme le souvenir d'un bonheur parfait. A cet âge avancé, sa foi, son recueillement, sa piété angélique à l'autel laissaient deviner les impressions de la grâce en cette âme si pure; et en se reportant dans le passé à ce jour de sa première messe, il était facile de se figurer quelles divines effusions de charité et de paix le Seigneur avait dû répandre en lui.

On lit dans l'histoire de saint François d'Assise, que sa vue seule était une éloquente prédication. « Mon ami, disait-il un jour à l'un de ses religieux, nous allons prêcher. » Ils sortent en silence, ils parcourent en silence toute la ville, ils reviennent silencieusement encore à la communauté. « Mais, mon père, lui dit le religieux, n'aviez-vous pas dit que nous « allions prêcher ? — Oui, mon enfant, « reprit le saint : aussi l'avons-nous fait « par notre exemple. » A l'autel et devant Dieu, la vue du jeune prêtre était seule aussi la plus éloquente prédication. On ne pouvait le voir sans en être touché. La vertu porte avec elle un charme si irrésistible !

Quelque temps après ce grand jour, l'abbé Malbeste quitta Sainte-Marguerite et alla fixer sa demeure chez une de ses parentes, madame Dubos, qui habitait la paroisse Saint-Paul.

Ce quartier avait alors pour église un édifice, dont la maçonnerie lourde et massive, dit Saint-Victor, ainsi que les voûtes basses et mal éclairées, annonçaient le peu de progrès de l'architecture à l'époque de sa construction. Saint Eloi en fut le premier fondateur ; c'était d'abord une simple chapelle, sous le titre de saint Paul, et dépendant du monastère appelé du nom de ce saint Évêque de Noyon. Le pape Innocent II, en 1136, est le premier qui ait cité cette église parmi les paroisses de Paris. Après le treizième siècle, le quartier Saint-Paul reçut de tels agrandissements, que Charles V fit rebâtir l'église et la dota de ses propres deniers. La dédicace en fut faite par l'évêque de Paris en 1431, et depuis ce temps, sous différents règnes, de nouvelles réparations et augmentations la firent telle qu'elle était à cette époque de la vie de M. Malbeste. La révolution la détruisit entièrement (1).

Ce fut en cette église que M. Malbeste commença les exercices de son saint ministère : il y disait la messe, il y faisait

(1) L'église servant aujourd'hui de paroisse à ce quartier est l'ancienne chapelle de la maison professe des Jésuites.

la prière publique, il y instruisait autant qu'il édifiait, par ses prières et ses sermons, l'auditoire nombreux qui venait l'entendre. Sa piété et son zèle lui concilièrent l'estime du vénérable pasteur de cette église, M. l'abbé Bossu; il en reçut bientôt le témoignage le plus flatteur : d'honorables sollicitations du vieillard auprès de l'autorité diocésaine, le firent nommer vicaire des sacrements.

CHAPITRE II.

Prise de la Bastille. — Mort du marquis de Launay. — Constitution civile du Clergé. — M. Malbeste refuse le serment. — Il se cache. — Visite domiciliaire. — Sa noble résistance au désir qu'on lui manifeste de le voir se marier. — Mort de Mme Dubos, sa tante. — Plaisant événement arrivé à cette occasion. — M. Malbeste s'enfuit au Calvaire. — Il est arrêté et envoyé à Saint-Lazare.

C'était en 1789; la Bastille venait d'être prise, et le marquis de Launay qui la gouvernait était prisonnier du peuple. On le frappe, on l'accable d'outrages, et le malheureux n'a de voix que pour demander la mort : « De grâce, tuez-moi, je « vous en prie, tuez-moi. » Deux grenadiers des gardes sont émus de compassion ; ils veulent le sauver, le conduire à l'Hôtel-de-Ville : vains efforts ! l'infortuné gouverneur est saisi, attaché au poteau d'une lanterne, et sa tête est portée en triomphe sur une pique.

Cette mort tragique fut pour le jeune abbé Malbeste une épreuve des plus sensibles, il connaissait le malheureux de Launay ; il dirigeait une de ses filles ; il était l'ami de sa famille. Dieu le préparait ainsi aux plus grandes tribulations, et elles se succédèrent l'une à l'autre sans relâche.

Il y eut surtout dans le jour qui suivit la prise de la Bastille, une circonstance bien capable d'affliger tout particulièrement son cœur d'ami. Il fallait procéder à l'inhumation des victimes, et en sa qualité de prêtre attaché à la paroisse de Saint-Paul, sur laquelle était bâtie la forteresse, l'abbé Malbeste eut le triste honneur d'être chargé de ce devoir. Il le remplit; mais combien de pensées douloureuses durent traverser et déchirer son âme! Quelques jours auparavant, il y avait là une famille qui l'aimait: aujourd'hui plus de famille, plus d'amis en ce lieu! il faut même qu'il taise jusqu'à leur nom; prononcer ce nom est un crime, et ce crime est puni de mort. Renfermant donc en lui-même sa tristesse et le secret de son affection, il ne fut plus que le prêtre de Jésus-Christ, et sa main jeta sur tous ces cadavres l'eau qui purifie, comme pour eux monta vers le Dieu qui pardonne, la prière de la charité.

Le temps du combat s'approchait. Au milieu des décrets qui tous les jours surgissent dans le peuple, Dieu lance aussi le sien, et ce décret divin porte, qu'une épreuve terrible et sanglante va peser sur le clergé de France. Il faut que se manifeste la faiblesse ou le courage des ministres du Seigneur. L'épreuve commence ; le clergé est attaqué tout à la fois dans sa religion, dans ses biens et dans sa vie. Une pensée profondément impie dominait certains hommes de cette époque ; ils voulaient une patrie sans temples, sans prêtres et sans Dieu. *Il faut décatholiser la France*, avait dit Mirabeau, et la révolution, docile à la voix de l'éloquent et irréligieux tribun, jura de tout détruire ; elle réussit.

L'Assemblée nationale avait formé, dès le 20 août 1789, un comité, dit ecclésiastique, chargé de présenter des projets de loi sur les matières relatives à la religion et au clergé. Ce comité, où les ecclésiastiques étaient en minorité, comptait plusieurs membres dont les opinions n'étaient que trop connues.

Le 10 octobre, la motion de s'emparer des biens ecclésiastiques est présentée au comité, et comme s'il eût craint de laisser échapper une aussi riche proie, le comité décrète la confiscation de ces biens au profit de la nation. Le décret est du 2 novembre.

Cependant diverses questions divisent bientôt l'Assemblée, et, pour garder la majorité, quinze nouveaux membres sont adjoints aux anciens; ce choix fut naturellement fait parmi les députés les plus dévoués au nouvel ordre de choses. Dès lors le système des innovations prévalut.

Le 11 février 1790, Treilhard propose la suppression des ordres religieux et l'abolition des rangs monastiques: deux jours après la proposition est adoptée.

Le 13 avril, l'Assemblée refuse de déclarer la religion catholique la religion de l'État; ce refus donne lieu aux plus énergiques et plus courageuses réclamations.

Cependant le comité avance son travail

de réforme : du 29 mai au 12 juillet 1790, se discute le grand plan qui doit saper l'édifice par sa base et ainsi réaliser le vœu de Mirabeau.

Telles furent les principales dispositions de ce code nouveau qui reçut le nom de *Constitution civile du Clergé* et qui bouleversa l'Église de France :

Un siége épiscopal par département, aussi bien qu'une seule paroisse par commune.

L'anéantissement des chapitres.

La défense aux nouveaux évêques de s'adresser au Saint-Siége afin d'en obtenir l'institution canonique, qui devait désormais leur être donnée par le métropolitain ou l'évêque le plus ancien.

L'élection des évêques et des curés par les mêmes corps électoraux qui nommaient à toutes les fonctions civiles. Le clergé n'y eut jamais de part plus spéciale.

D'après la constitution, l'évêque était pasteur immédiat de la cathédrale, et devait avoir des vicaires qui formaient son conseil et sans lequel tout acte de juridiction lui était interdit.

Pendant les vacances du Siége, toute l'autorité passait au premier vicaire épiscopal.

Aux curés, appartenait enfin le droit de choisir leurs vicaires parmi les prêtres ordonnés ou admis dans le diocèse, sans aucune approbation de l'évêque.

En vain, le clergé montra dans de nombreux écrits et d'éloquents discours, l'irrégularité et le vice radical du nouveau code; autorité des Pères, décision des conciles, traditions de l'Église, tout fut objecté; ce fut en vain. Louis XVI avait accepté le décret; le Souverain Pontife, consulté, n'avait pas encore envoyé sa réponse; pour couper court à toute hésitation, un décret nouveau fut rendu le 27 novembre, qui statua que les évêques et les curés seraient tenus de prêter serment à la constitution civile : *Il faut décatholiser la France!* Le terrible cri a passé par toutes les voix ennemies, et pour parvenir au but, l'autorité du Saint-Siége est méconnue et la juridiction de l'Église romaine est foulée aux pieds ; les membres sont séparés violemment de leur chef, comme les branches sont arrachées de leur tronc. Le lien d'unité se brisait ainsi, et c'est ce que voulaient les hommes qui dominaient la France. L'impiété triomphait !

D'après le décret qui impose le serment aux ecclésiastiques, évêques ou curés, membres de l'Assemblée nationale, l'appel nominal commence.

L'évêque d'Agen[1] est appelé le premier,

[1] Voir la note n° I.

et refuse le serment; l'évêque de Poitiers et plusieurs autres suivent courageusement son exemple, motivant leur refus par des paroles dignes de la cause qu'ils défendent.

L'Assemblée s'étonne. Irrité de cette opposition, le président décide que toute explication est vaine; un seul mot : *je refuse* ou *je jure*, et mille menaces retentissent au dehors : *A la lanterne ceux qui refusent.*

Du milieu de cette tyrannie et de ces cris de mort, de nouvelles interpellations sont faites aux membres du clergé, mais tous restent immobiles. Dès lors plus d'assemblée; on se sépare, et à travers les factieux qui les entourent, les évêques se retirent avec la dignité et le calme que donne le sentiment d'un devoir accompli.

On espérait plus de succès près du clergé de la capitale, et tous les prêtres, sans exception, furent appelés à prononcer le serment. L'esprit public se déclarait hautement pour cet acte, et ceux qui le travaillaient avec tant d'audace et de constance, devaient bien se garder d'arrêter des élans populaires qui allaient si parfaitement à leurs desseins. Menaces, mauvais traitements, injures et persécutions, il y avait droit d'user de tout contre les prêtres.

Un jour M. Malbeste prêchait dans sa paroisse : autour de la chaire se trouvaient rassemblés des hommes à visages sinistres, à l'air terrible, et pendant tout le temps que dura sa prédication, ces hommes se parlaient l'un à l'autre, murmurant et s'animant réciproquement au tumulte : « Faisons-le descendre ; arrachons-lui son surplis ; pas de sermons jusqu'au serment. »

Pour hâter davantage leurs projets de détruire le sacerdoce avec la religion, l'assemblée fixa, pour la prestation de ce serment, les deux dimanches 9 et 16 janvier 1791, comme elle en fixa toutes les dispositions. Je les ai trouvées dans un écrit de ce temps.

Dans l'église Notre-Dame, entre les autels de la Sainte-Vierge et de Saint-Denis, on avait élevé un autel à l'antique, orné de peintures sur les trois faces. Celle de devant portait une couronne civique de feuilles de chêne, avec cette inscription : *Dieu, la loi, le roi*. Sur la face de droite, était peinte une autre couronne civique environnant une massue que surmontait un bonnet de la liberté ; enfin, à la face gauche était représenté un faisceau d'armes toujours renfermé dans la couronne civique. A chacun des côtés de l'autel s'élevaient deux candélabres. Là était placé Bailly, maire de Paris ; et le 16, à la seconde cérémonie, au maire se joignirent deux espions, sous le nom d'adjoints, et tous les deux de la religion prétendue réformée.

Jetons un voile sur les noms de ceux qui faillirent à leur devoir en ces jours de sinistre mémoire; chrétiens, la charité nous fait un devoir du silence, mais, chrétiens aussi, nous chantons la gloire de tant de martyrs de leur foi. Ames magnanimes qui avez su braver la mort pour obéir à votre Dieu, à votre conscience, à votre honneur de prêtres! que je voudrais pouvoir ici vous nommer tous! Vos noms seraient pour nous, qui vous avons succédé dans les fonctions du ministère sacré, comme autant de voix qui nous exciteraient au bien, et nous éloigneraient de toute atteinte du mal; mais un seul recevra le tribut de mon enthousiasme, et dans celui-là je vous renferme tous!

Le jeune abbé s'avance, et sans commentaire, un seul mot lui suffit : *Je re-*

fuse! Ce mot devait lui mériter la mort. Le peuple réclame son sang : son cri lugubre se fait entendre : *A la lanterne!* Dieu protégeait son ministre, M. Malbeste échappa miraculeusement au danger qui le menaçait.

Dès ce jour, obligé de quitter la paroisse, forcé de se soustraire aux poursuites dirigées contre les prêtres fidèles qu'on voulait flétrir du nom de *réfractaires*, il alla chercher une retraite assurée chez sa parente, madame Dubos, où déjà nous l'avons vu se retirer après son ordination. Nul asile n'est un lieu sûr pour des proscrits.

Épié de tous côtés, il n'a plus de demeure fixe : tantôt sous un nom supposé, ce sont des aliments qu'il va chercher près des amis d'un quartier; tantôt sous un autre nom, c'est un abri qu'il va demander pour la nuit à la porte d'un autre ami dans un quartier opposé. Vrai pèlerin, il réclame l'hospitalité de tous ceux qu'il sait être dévoués à Dieu, par conséquent dévoués au malheureux qui fuit et qui invoque son nom.

Bientôt Paris même n'a plus pour lui de sûreté suffisante; il le quitte, et porte ses pas vers Meudon dont il connaissait le pasteur. Il avait droit de se croire sauvé, vain espoir! D'après la loi, tout prêtre réfractaire devait être saisi et exécuté dans les vingt-quatre heures; tout citoyen devait les dénoncer sous peine de déportation, et peine de mort pour celui qui les cachait. Effrayé, le pasteur a craint pour lui-même, et la crainte triompha de l'amitié. Le malheureux fugitif rentra dans la capitale.

L'année 1793 commençait: les premiers jours s'inscrivaient dans l'histoire en caractères de sang. Louis XVI n'était plus!

Dès ce jour, l'attitude de la Convention devint plus énergique; la loi des suspects parut. Cependant ce mot offrait des difficultés: que fallait-il entendre par suspect?

« Écrasons les ennemis de la révolution, « avait dit Billaud-Varennes, le peuple « est affermi, et la liberté est sauvée. »

« Il faut décréter, ajoute Danton, que « tous les citoyens se réuniront pour dési- « gner eux-mêmes tous les ennemis de la « république; ce sont ceux-là qu'il faut « frapper. »

Enfin tout aristocrate était et devait être suspect, et ce mot renfermait tout riche, tout noble, tout prêtre, toute vertu, tant la révolution craignait de rencontrer quelque chose d'honnête! La terreur fut à l'ordre du jour, et avec elle arrivèrent les visites domiciliaires.

Fuir et se cacher, pour fuir encore et se cacher toujours, telle était désormais la vie de notre jeune et malheureux abbé. Cependant malgré tant de persécutions son cœur fidèle ne laissait pas de goûter des consolations ineffables ; la messe, qu'il célébrait presque journellement dans le silence et le mystère d'une chambre fermée à tous les regards, l'animait chaque fois d'un courage nouveau. Dieu couvrait son serviteur de son égide, et souvent cette égide divine le préserva des plus grands dangers.

Un jour, entre autres, il y avait visite de trois membres du comité de salut public dans la maison qu'il habitait, et dans laquelle se trouvait son père. Le jeune suspect se cache dans la cheminée, mais manquant d'air et près d'étouffer, il quitte sa retraite et se jette au lit avant que les terribles commissaires aient pénétré dans la chambre. Il feint d'être malade. Enfin on frappe : « *Au nom de la loi que*

« *les portes s'ouvrent.* » A ce nom formidable, rien ne fait obstacle, et ils entrent. La terreur a glacé tous les cœurs. L'un des agents du comité de proscription s'est approché du lit : « *C'est mon fils qui est « malade,* » dit avec anxiété le père du proscrit. « *Eh! qu'ai-je à faire de votre « fils?* répond l'effrayant examinateur : *ce « sont des prêtres qu'il nous faut!* » Un signe rapide a fait comprendre au pauvre père qu'il n'avait rien à craindre d'un ami : le commissaire était, en effet, de la connaissance de la famille Malbeste. Aussi, pour n'éveiller aucun soupçon, le voilà redoublant de vigilance, cherchant, fouillant, frappant sur les murs, comme s'il eût soupçonné quelque retraite cachée, et sortant enfin au plus vite pour laisser au jeune malade la liberté de reprendre la santé et la fuite. Quelle Providence admirable! Et le jeune proscrit se lève, il sort, et son premier cri de reconnaissance est un témoignage de sa foi : *consacré à Marie, je ne pouvais périr*. Cette confiance le soutint encore en l'un des plus rudes assauts de sa vie.

Un vertige avait alors frappé toutes les têtes ; sentiments nobles détruits ; liens de famille rompus ; devoirs de religion foulés aux pieds. Il y eut des hommes que des promesses sacrées attachaient à Dieu, et poussés par ce vertige, ils tombèrent dans l'abîme de la révolution. A leurs vœux brisés succédèrent de coupables alliances.

Des amis imprudents pressèrent M. Malbeste de suivre leur exemple : qu'il voie leur nombre, la réputation de gloire dont on les entoure, les récompenses que la nation leur accorde. Un cœur noble ne transige jamais avec le devoir et l'honneur : il repoussa ces criminelles sollicitations. On le presse de nouveau, on veut l'arracher aux périls qui l'environnent, et ce qu'on lui demande, c'est un acte au moins extérieur qui assure sa vie : M. Malbeste arrête tous ces efforts ; un mot ferme toutes les bouches, mot de héros chrétien :

« *Arrachez-moi donc cette peau qui est*
« *collée à mon cœur, et je vous la donne*
« *pour en faire ce que vous voudrez ; mais*
« *ce cœur est à Dieu, et il restera à Dieu !* »

Avançons avec précaution. La terre sur laquelle marche notre jeune confesseur de la foi est une terre brûlante : disons ce mot des saints livres, en l'appliquant avec vérité à l'époque que je rapporte : une terre qui dévore ses habitants.

On arrivait au mois de décembre 1793. Dans ce temps mourut madame Dubos, sa parente, et sa mort fut signalée par un de ces événements plaisants et inattendus qui mêlent forcément le rire aux larmes de la douleur.

Les hommes de loi étaient venus chez madame Dubos aussitôt après son décès, et, selon l'usage, ils avaient posé les scellés sur tous les meubles, sans prendre toutefois la précaution de regarder ce qu'ils contenaient. Or, dans un des murs d'une chambre voisine de celle qu'occupait cette dame, se trouvait une grande armoire, et cette armoire fut fermée à clef, scellée et confiée à la garde de personnes non suspectes. Ces précautions pouvaient être bonnes ; la loi condamne avec raison quiconque ose porter sur ces scellés une main téméraire, mais la loi se tait pour le cas où un être vivant serait enfermé dans le meuble scellé. Tel était le cas de M. Malbeste. Fallait-il qu'il se soumît rigoureusement à la loi? Il ne le pensa pas, c'est pourquoi, plein de patience, il attendit, et quand tout fut silencieux autour de lui, il se lève, brise la serrure, fait sauter le cachet légal et prend la fuite.

Traqué bientôt d'asile en asile, semblable à la proie timide qu'épie le regard meurtrier du chasseur, il se joignit à quelques prêtres réfractaires comme lui, et tous se retirèrent au Calvaire près Paris. Là, chacun de ces malheureux proscrits, enveloppé d'une couverture de laine, faisait la garde tour à tour pendant la nuit, afin d'éviter toute surprise et d'être prêts à tout événement. Cette vie d'inquiétudes incessantes dura tout le mois de décembre; elle ne cessa que pour de plus rudes épreuves. Dieu avait amené son serviteur au Calvaire; il y trouva la croix de son Maître.

Malgré sa livrée de *cocher*, et à travers les manières communes qu'il avait adoptées pour éloigner tout soupçon, l'œil des patriotes le devina ; dès lors il devint suspect, il fut arrêté. Le mandat d'arrestation exprimait son crime par un seul mot : *Cocher de grande maison*. Sous ce titre compromettant, il est conduit à Saint-Firmin : mais là se pressait journellement une foule de victimes si grande qu'il ne put y trouver place. La mort ne l'avait pas encore marqué au front du signe de ceux qu'elle devait frapper. De Saint-Firmin, on le transporta à la maison des Dames-Anglaises, rue des Boulangers. Il y retrouva, pour se consoler, le souvenir de sa première messe ; ce souvenir ranima son courage. Son séjour en cette prison improvisée par le terrible comité fut de deux mois : il les consacra à la prière et à de pieux entretiens. Ce temps écoulé, il fallut faire trêve à toute consolation : un ordre de la Convention le fit conduire à la prison de Saint-Lazare.

CHAPITRE III.

Détails sur Saint-Lazare. — Mme de Montmorency et Mlle de Beaumont. — M. Malbeste devient leur consolateur. — Prière qu'il compose dans sa prison. — Il échappe miraculeusement à la mort. — Le 9 Thermidor. — Liberté des prisonniers. — M. Malbeste soldat de la milice. — Il est nommé officier. — Il reçoit ordre de se chercher lui-même. — Concordat. — Il remplit les fonctions de vicaire à l'église des Minimes. — Son discours à la célébration de la cinquantaine du mariage de son père et de sa mère. — Il est envoyé à Saint-Denis-du-Saint-Sacrement.

La maison de Saint-Lazare, qui de communauté religieuse avait été convertie en prison, servait alors aux détenus politiques qui attendaient le moment de paraître devant le tribunal révolutionnaire. Elle était divisée en deux parties : l'une était affectée aux hommes, l'autre aux femmes. Une grande cour servait de promenade. Cette cour était encore divisée par un treillage d'une élévation immense, autour duquel jour et nuit se promenaient des sentinelles, attentives à tous les mouvements des prisonniers. Toute communication directe était interdite entre les deux cours, quoique la vue s'étendît de l'une à l'autre. Le parloir seul était commun, et chaque jour une partie des prisonniers des deux cours y venait recevoir les visites de ceux de leurs amis que le comité avait autorisés à entrer dans la prison. En ce moment, tout changeait de face : l'antique urbanité reprenait tous ses droits, les conversations devenaient animées : tout y trouvait place ; les affaires de famille, les nouvelles du jour, la politique, l'histoire ; la douleur et le plaisir ; les plaintes et les jeux de mots ; le dégoût de la vie et la crainte de mourir ; enfin, par une heureuse illusion, chacun croyait respirer la liberté.

Parmi les prisonnières dont M. Malbeste

avait particulièrement recherché la connaissance étaient deux femmes, aussi illustres par leur piété que par leur naissance : l'une, abbesse de Montmartre, descendait de la noble maison des Montmorency et en portait le nom ; l'autre était Mlle de Beaumont, nièce de l'archevêque de Paris.

La prière et l'aumône avaient fait de la vie de Mme de Montmorency une vie pleine de mérites devant Dieu. Ce fut à son sujet que fut prononcé ce mot qui dépeint si merveilleusement l'époque et l'esprit des hommes qui la dirigeaient. *Elle a conspiré,* disait Fouquier-Tainville, *et j'opine pour la mort.* Mme de Montmorency était sourde ; on le lui fait observer : *Ecrivez qu'elle a conspiré sourdement,* répond avec ironie le féroce accusateur public.

M. Malbeste fut son ange consolateur. Aux heures fixées pour la promenade et les visites du parloir, il la voyait, lui parlait par signes de Dieu, du ciel, de l'espérance qui fortifie le courage, et quand les circonstances le lui permettaient, retiré dans le lieu le plus écarté de la salle, il la confessait à mots entrecoupés et jetés comme au hasard. L'illustre abbesse proscrite mourut bénie par le prêtre proscrit.

Mlle de Beaumont reçut à son tour les douces consolations de M. Malbeste. Le lien du malheur avait uni leurs belles âmes, et dans un de leurs pieux entretiens, tous les deux firent le vœu de concourir de tous leurs efforts à la propagation du culte de l'immaculée conception de la sainte Vierge. La condition de ce vœu était la vie qu'ils demandaient au ciel. Ainsi, sous le coup d'une mort à chaque instant menaçante, ils traitent les affaires de Dieu, sans retour sur leurs propres personnes ; sans regrets sur leur fortune ou leur position passée; sans plaintes sur les souffrances qui les accablent.

Je suis heureux d'avoir à confier à la piété de mes lecteurs une prière que le saint prêtre composa dans les jours de sa captivité : elle est le cachet de sa foi, et elle explique son inébranlable courage. Je la transcris fidèlement :

« Époque fatale, ô mon divin Créateur, « que celle où se trouvent si peu de chré- « tiens animés de l'esprit de la foi et per- « sévérant dans la prière! Hélas! par un « effrayant, mais bien juste effet de votre « colère, nous auriez-vous privés pour « toujours de cette onction de charité qui « remplissait les cœurs des premiers chré- « tiens? O Dieu! c'est dans l'amertume la « plus profonde de mon âme que je vous « conjure de ne pas permettre, oh! non, « ne permettez pas que le flambeau de la « foi s'éteigne au milieu de nous. Quel

« mal pourrait être semblable au malheur « de perdre la foi ! Souvenez-vous, divin « rédempteur, de vos anciennes miséri- « cordes, et regardez en pitié ce royaume « abreuvé des larmes de tant de victimes, « fécondé par les sueurs de tant de glo- « rieux athlètes, et arrosé par le sang in- « nocent de tant de généreux martyrs !

« Oui, faites tomber sur nous, Seigneur, « tous les châtiments qu'il plaira à votre « justice d'ordonner. Une grande et solen- « nelle expiation ne vous est que trop lé- « gitimement due ; mais, de grâce, laissez- « nous la foi !

« Que les maladies nous affligent, que « les chagrins nous dévorent, que l'infor- « tune nous accable ; mais encore une fois, « de grâce, oh ! laissez-nous la foi.

« Privé de ce trésor, qu'affreuse serait « notre misère ! Mais si nous sommes sou- « tenus de votre Saint-Esprit, si nous som-

« mes éclairés de ses lumières, si nous « sommes embrasés de son amour, nous « chérirons les maux de cette vie comme « les faveurs d'un Dieu qui ne veut nous « éprouver que pour nous purifier et nous « rendre plus dignes de son éternelle gloire.»

De semblables accents montèrent vers le ciel; Dieu les agréa, et quand Dieu protège, des prodiges éclatent autour de ses élus. Il le prouva. La circonstance était grave : le coup de la Providence n'en fut que plus sensible.

Un jour, et ce jour était le 8 thermidor (26 juillet 1794), une voix a retenti dans ces lugubres demeures; chacun a reconnu la voix, et chacun a frémi : cette voix est celle de l'officier public chargé de conduire à la mort les victimes proscrites par l'impitoyable comité de salut public. A sa main est une liste de noms : quelle inquiétude! les visages, les esprits, les cœurs, tout est dans la plus horrible attente! et, comme s'il voulait prolonger l'agonie de ses victimes, l'infâme geôlier lit chacun de ces noms avec une barbare et mortelle lenteur. A mesure qu'un nom est prononcé avec le numéro d'ordre, le malheureux qui le porte est jeté dans l'épouvantable charrette. « Le n° 16? — Le voilà. » Il est saisi et placé. « Le n° 18? — Le voilà. » Il est encore saisi et placé, et puis l'appel continue. « Mais où est le n° 17, et d'où vient cet oubli? » Silence! Une parole est mortelle ici, seulement ce mot après lequel il faut se taire : Dieu l'a voulu! Le n° 17 est celui de M. Malbeste. Le nombre des victimes est complété; les charrettes marchent, la prison se referme : encore un jour de vie pour les prisonniers!

Chaque jour, à l'heure de l'appel, le père et la mère du pauvre prêtre proscrit passaient et repassaient, immobiles et le cœur agité par l'inquiétude, sous la fenêtre de la prison. Un signal leur était donné, signal mystérieux qui n'était connu que d'eux et de leur fils. Après le départ des fatales voitures, un mouchoir, suspendu aux barreaux de cette fenêtre, leur annonçait par sa couleur l'espérance ou le deuil : le blanc marquait la vie, le rouge était le signe de la mort. Ce jour-là, comme les autres, les parents du prisonnier sont mêlés à la foule; ils n'ont pu distinguer les malheureux que va frapper le glaive révolutionnaire, ils frissonnent! mais à la fenêtre paraît le mouchoir blanc; leur fils est sauvé! Il ne devait pas mourir.

Le 9 thermidor a paru!

Tallien avait dit aux députés survivants de la Gironde: « Faisons alliance; vous « pleurez Vergniaud, nous pleurons Dan- « ton, réconcilions leurs ombres en frap- « pant Robespierre. » Le complot s'étend, se fortifie, et dès le matin tous les députés sont à leur poste. Saint-Just se lève ; il veut parler, les députés l'interrompent, et fort de ces interruptions, Billaud-Varennes accuse Robespierre ; c'en est fait, le coup est porté ! Robespierre s'élance à la tribune, sa voix est couverte par les cris : *A bas le tyran! Périssent les tyrans!* ont aussi crié les députés, et Robespierre est décrété d'arrestation ; il se fracasse la mâchoire d'un coup de pistolet ; il est traîné à la salle du comité, et le 10 thermidor, l'échafaud a mis fin à cette sanglante vie !

Aussitôt commence une réaction vers le bien, et d'abord est décrétée la mise en liberté de tous les détenus. Premier acte de justice. Cette justice a réveillé l'espérance. On revit ! Le peuple vole aux prisons, il crie : o changement ! ces cris ne sont plus pour la mort ; les gardes sont devenus moins féroces, le geôlier a souri aux prisonniers : c'est la liberté qui passe, et devant elle les cachots s'ouvrent! On pleure de joie, on s'embrasse, c'est une fête de famille! Qu'elle doit être douce pour un prisonnier, cette première heure de liberté! Qu'il doit lui paraître pur, cet air qu'il respire enfin à l'aise et sans crainte! Qu'il doit être delicieux à son cœur, le plaisir de revoir sa famille après des jours de si cruelle absence!

Revenu dans sa famille, M. Malbeste songea à se procurer des moyens d'exister, car la révolution lui avait tout ôté, excepté son cœur et son courage. Il n'hésita pas longtemps. Chez lui se réunirent quelques jeunes gens, au nombre desquels je dois citer MM. de Gourgues[1]; la science et l'amour de la vertu leur furent prodigués par ce maître expérimenté qui, du

[1] Voir la note n° 2.

produit de ses leçons, se vit bientôt en état de subvenir aux besoins de son honorable et laborieuse existence. Ce fut en ce temps et au milieu de ses occupations littéraires qu'il reçut de la municipalité une carte de sûreté en même temps qu'un billet de garde, en qualité de soldat de la milice citoyenne.

Prêtre et soldat, il sut remplir noblement sa double mission. Ses chefs le distinguaient, et son zèle lui valut, peu de temps après, le grade d'officier qu'il conserva jusqu'à l'ouverture des Églises. Ce titre le servit plus d'une fois dans l'exercice de son ministère. Lorsque les circonstances lui permettaient de célébrer les saints mystères dans le secret de quelque maison amie, deux hommes de la milice lui servaient d'escorte : sous prétexte d'affaires publiques, il entrait, et postées à chaque côté de la porte de la maison, les deux sentinelles improvisées avaient ordre de l'attendre et d'interdire à tous les étrangers une entrée qui eût pu lui devenir fatale. Sa réputation de bon citoyen lui avait acquis la confiance de ses soldats, et dans toutes ces occasions, les hommes qui l'accompagnaient, veillaient à ce que personne ne le troublât en ses fonctions, avec le zèle qu'ils eussent mis à le dénoncer, s'il eût été reconnu.

Cette vie militaire et sacerdotale l'exposa cependant à de grands dangers, et souvent aussi à des aventures vraiment plaisantes.

De garde à la porte Sainte-Antoine, il avait reçu l'ordre de se réunir à quelques hommes du poste, et de protéger une visite de commissaires particuliers dans une maison désignée sur la feuille de service. Cette visite avait pour but de trouver un prêtre qui s'y tenait caché, disait-on; or, ce prêtre était le citoyen Malbeste lui-même. Aussitôt, le voilà en armes ; il part avec sa petite troupe, s'arrête résolument à la porte de la maison suspecte, et attend ainsi la fin de la visite avec le plus édifiant patriotisme. Mais pas de prêtre, pas de citoyen Malbeste ; et Michel Martin l'officier, car il avait pris ce nom, même avant son arrestation, revint à son poste, irrité en apparence du peu de succès, et cependant charmé du résultat de son expédition : au moins celle-là était sans remords comme sans crime.

Pendant que ces jours se passaient, la religion, gémissante et captive, n'avait pas encore respiré l'air de la liberté ; ses temples étaient toujours fermés ; ses autels toujours détruits ; ses prêtres toujours environnés d'une inquiète et sombre surveillance. Buonaparte arrivait à cette époque au consulat, couvert de la gloire de Marengo et fort de l'ascendant que lui donnait sa victoire. Il voulut rendre à la nation son Dieu, ses autels et son sacerdoce, et dans un concordat passé entre le souverain pontife Pie VII et le premier consul, en 1801, les affaires de l'Église de France se réglèrent. La religion reparut.

M. Malbeste quitta dès lors le service militaire, et s'unit, pour exercer les fonctions de leur ministère, à quelques-uns de ces prêtres qui, comme lui, avaient imprimé sur leurs fronts le sceau des martyrs de la foi. L'autorité leur accorda provisoirement l'église des Minimes, où le zèle de ces généreux confesseurs, libre désormais de toute entrave, s'efforça de réparer les maux des années précédentes.

Cette église devait laisser dans son cœur un heureux souvenir. Au jour anniversaire de leur cinquantième année de mariage, ses parents voulurent que leur courageux enfant leur imposât lui-même les mains, et bénît leur union.

Je laisse à M. Malbeste de nous instruire de l'origine de ce saint usage, et le soin d'épancher les tendres effusions de son cœur. C'est sa propre parole que je rapporte : ce discours porte avec lui son éloge.

« Ainsi que le rapporte saint Grégoire de
« Nazianze, il était d'usage, chez les pre-
« miers chrétiens, de célébrer chaque an-
« née l'époque de leur mariage. A cet
« effet, ils choisissaient un jour de cette
« année pour honorer la mémoire de ce-
« lui où ils s'étaient unis, en présence du
« Seigneur, par des liens sacrés et indis-
« solubles. Ce jour, ils le célébraient par
« des actes d'une vive et touchante piété.
« Ainsi ils venaient aux pieds des autels
« demander à Dieu les vertus dont la pra-
« tique leur était si nécessaire ; cette reli-
« gion éclairée qui dirige les vues ; cette

« prudence chrétienne qui règle les dé-
« marches ; cette charité divine qui épure
« les sentiments ; cet esprit d'amour et de
« concorde qui écarte les mésintelligen-
« ces ; enfin cette confiance entière qui
« bannit les soupçons et les ombrages.

« Ce pieux usage a presque entièrement
« disparu depuis le relâchement des
« mœurs et l'affaiblissement de la piété.
« Ce n'est plus, hélas ! que dans des cir-
« constances extraordinaires et à des épo-
« ques d'autant plus mémorables qu'elles
« sont plus rares, que l'Église a la con-
« solation de voir les fidèles renouveler
« la mémoire de leur mariage et venir
« rendre à Dieu de solennelles actions de
« grâces.

« Époux chrétiens, vous venez donner
« aujourd'hui cet édifiant spectacle. Dix
« lustres se sont écoulés depuis le jour
« qui vous vit contracter, au pied des au-

« tels, un engagement sacré, et aujour-
« d'hui vous voilà redemandant à Dieu
« la continuation de ses grâces; et celui
« qui doit en ce jour devenir votre organe
« auprès du Seigneur, celui qui doit rem-
« plir vos pieuses intentions, porter vos
« vœux au trône de l'Éternel, immoler
« pour vous la victime sainte, c'est votre
« premier né, c'est ce fils, qu'à l'exemple
« des patriarches vous avez consacré au
« Seigneur; que par une pieuse et tendre
« sollicitude vous avez placé dès ses pre-
« miers ans sous la protection immédiate
« de Marie; ce fils, enfin, que, selon Dieu
« et selon votre cœur, vous avez distingué
« par une prédilection spéciale.

« Avec quel zèle ne concourra-t-il pas
« à vos religieux désirs? Placé entre le
« ciel et vous, avec quelle ardeur il élè-
« vera ses mains suppliantes pour attirer
« sur vous les grâces du Très-Haut! Avec

« quel vif empressement il sollicitera le
« Dieu d'Abraham, d'Isaac et de Jacob,
« qui a déjà consacré votre union, de
« répandre constamment sur vous les bé-
« nédictions dont il combla ces heureux
« patriarches, en vous accordant les lon-
« gues années dont il récompensa leur fi-
« délité et leurs vertus.

« C'est que vous aviez médité ces pa-
« roles du sage : Honorez votre père de
« tout votre cœur, et n'oubliez pas les
« douleurs de votre mère : celui qui ho-
« nore son père et sa mère est comme un
« homme qui amasse un trésor ; il verra
« sa prière exaucée, et jouira sur la terre
« d'une longue vie.

« Nous la voyons accomplie, cette pa-
« role divine, et nous avons la douceur
« de jouir nous-mêmes du prix qui a cou-
« ronné votre amour et votre respect pour
« les auteurs de vos jours !

« Fidèles au dépôt de la foi et de la reli-
« gion qu'ils vous avaient transmis comme
« le plus précieux héritage, vous avez
« pris soin d'en enrichir vos enfants ; vous
« avez jeté dans leurs cœurs les semences
« de la piété ; vous avez formé leurs pre-
« miers ans à la vertu ; vous leur avez
« donné le plus grand des biens, celui
« d'une éducation chrétienne.

« Rappellerai-je ces jours de notre en-
« fance où, rassemblés autour de notre
« modeste foyer, loin des plaisirs tu-
« multueux, des assemblées mondaines,
« des spectacles dangereux, nous trom-
« pions la longueur des soirées par des
« lectures aussi instructives que tou-
« chantes?

« La sainte Bible était le livre qui en
« faisait la matière la plus ordinaire. Que
« vous saviez bien rendre notre esprit
« attentif aux traits les plus intéressants!

« Tantôt admirant la patience de Job,
« ses longues et douloureuses épreuves,
« la prospérité qui fut ensuite le prix
« de sa foi et de sa confiance ; tantôt
« nous mettant en garde contre l'orgueil,
« par la ruine d'Aman, et nous inspirant
« la vertu d'humilité par l'élévation de
« Mardochée. Ensuite, par des récits plus
« touchants encore, vous nous faisiez en-
« tendre, avec une douce émotion, les
« vertus de la jeune et aimable Ruth, son
« tendre attachement pour Noémi, ce dé-
« vouement filial que Dieu honora par la
« plus glorieuse des prérogatives, puis-
« qu'il la plaça dans l'ordre de la géné-
« ration du Sauveur.

« Mais combien nous attachait davan-
« tage encore cette intéressante histoire
« de Tobie! combien nous en saisissions
« avidement toutes les circonstances! C'é-
« tait par vos soins que les préceptes de

« ce saint homme à son fils passaient jus-
« qu'en notre cœur, et par vos soins en-
« core, nous suivions dans ses voyages le
« jeune Tobie avec l'ange qui lui servait
« de guide ; nous partagions ses inquié-
« tudes, ses plaisirs ; nous compatissions
« à la peine du vieillard qui hâtait, par
« ses vœux, le retour de son fils, et nous
« mêlions nos pleurs aux larmes que ver-
« sait sa tendre mère sur le berceau de
« ce fils chéri ; enfin, nous participions à
« l'allégresse que donnait la réunion de
« personnes si chéries !

« Tels étaient nos purs et innocents loi-
« sirs, et c'est ainsi que vous jetiez, comme
« en jouant, dans nos âmes le germe des
« vertus. Je dois tout dire : à ces lectures
« se joignait le récit des actions éclatantes
« et des vertus cachées des saints que l'É-
« glise honore et, par-dessus tout, la lec-
« ture respectueuse du livre des livres, de

« l'Évangile, dont chaque jour nous gra-
« vions quelques sentences dans notre
« mémoire.

« Oui, telle est la vie simple, telles sont
« les mœurs patriarcales au sein desquel-
« les furent élevés ceux à qui vous avez
« donné le jour; car, je le déclare ici hau-
« tement pour l'édification publique au-
« tant que pour compléter votre éloge,
« jamais, non jamais vous ne laissâtes
« tomber le livre le moins suspect dans les
« mains de vos enfants; jamais vous ne
« les introduisîtes dans ces assemblées où
« la vertu est exposée à mille écueils;
« jamais vous ne les conduisîtes à ces
« théâtres qui sont la ruine des bonnes
« mœurs. De simples promenades dans la
« campagne ou dans les jardins étaient
« nos plaisirs; la majesté de l'office di-
« vin, le concert de louanges adressées à
« l'Éternel, la pompe auguste des céré-

« monies de l'Église étaient tous nos spec-
« tacles.

« O vous l'arbitre suprême des desti-
« nées humaines, vous, mon Dieu, le dis-
« pensateur des années, daignez prolonger
« les jours de ces chers parents jusqu'au
« terme le plus reculé. Que vos plus abon-
« dantes bénédictions se répandent sur
« eux ; que la paix et le bonheur couron-
« nent leurs derniers ans, et par un dernier
« vœu plus digne encore d'un ministre
« des autels, que les liens qui unissent
« ici-bas les parents et les enfants se per-
« pétuent dans le ciel, et qu'enfin la di-
« vine charité couronne cette heureuse
« union ! »

Cette cérémonie solennelle et touchante fut un des derniers actes qu'il remplit à l'église des Minimes. Dès ce temps, elle cessa d'appartenir au culte, et le clergé de cette paroisse provisoire fut envoyé, par ordre de l'autorité ecclésiastique, à l'église de Saint-Denis-du-Saint-Sacrement, au Marais ; Monseigneur le cardinal de Belloy lui conserva dans cette nouvelle église son titre de vicaire.

Saint-Denis-du-Saint-Sacrement. — Caractère de M. Malbeste. — Mort de Laujon. — Discours qu'il prononce au mariage de Mlle de Sèze. — Il est nommé à la cure de Sainte-Élisabeth. — Détails sur l'histoire de cette église.

L'église Saint-Denis-du-Saint-Sacrement qui existe aujourd'hui ne remonte qu'à quelques années. Elle fut bâtie sur l'emplacement de celle qui subsistait avant la Révolution, et dans laquelle M. Malbeste avait été envoyé en qualité de vicaire.

Cette ancienne église, ainsi que la maison qui s'y joignait et que Turenne avait habitée, appartenaient aux Filles du Saint-Sacrement. En 1684, elles en avaient reçu la propriété de la libéralité de madame la duchesse d'Aiguillon, qui venait de l'acquérir elle-même de Mgr le cardinal de Bouillon. « Ainsi, dit Jaillot, dans ses « *Recherches sur Paris*, l'adoration per-« pétuelle du Saint-Sacrement fut établie « dans le lieu même où s'étaient si sou-« vent tenues les assemblées de ceux qui « attaquent ce mystère. »

L'église, rendue au culte peu après le Concordat, fut placée sous l'invocation de saint Denis, apôtre de Paris, d'après le désir de son premier pasteur, M. l'abbé Podevin, qui sollicita de l'autorité ecclésiastique la permission de donner à son église le nom de son patron. L'archevêque accéda à ce désir, et toutefois, pour ne pas perdre le souvenir de son origine, il voulut que l'église fût connue sous le vocable de Saint-Denis-du-Saint-Sacrement, nom sous lequel elle est encore aujourd'hui l'une des plus édifiantes paroisses de Paris.

Dans cette église, que la Révolution avait convertie en magasin d'équipements militaires, et que le gouvernement avait rendue à la religion, M. Malbeste ne tarda pas à se voir entouré de l'estime et de la considération générales.

Son dévouement filial pour le respectable vieillard, curé de cette paroisse, son èle éclairé dans les devoirs de sa charge, sa constante aménité, le rendaient en quelque sorte l'ami de tous. Chéri du pauvre autant que de l'homme riche, il avait puisé dans les saints enseignements de la religion ce charme qui attire et captive. Appliquons avec vérité au disciple de Delille, ce qu'un illustre écrivain, M. de Feletz, disait en parlant du maître :

« Il me paraît avoir été unique dans « l'art d'assaisonner une conversation de « tout ce qui en fait le charme, de la va- « rier à l'infini, de l'animer par les sail- « lies les plus heureuses, les reparties les « plus vives et les plus imprévues, par « des compliments sans fadeur, des raille- « ries sans amertume, des anecdotes con- « tées avec une grâce particulière, et de « la rendre souvent instructive et intéres- « sante par des idées justes et sérieuses, « par des traits lumineux et profonds. »

J'ajouterai que nul homme ne posséda plus que M. Malbeste ces qualités pré- cieuses qui font naître la confiance et que Dieu semble n'avoir départies qu'à des âmes supérieures : ainsi, ce jugement sûr qui, dans les affaires même les plus déli- cates, donnait tant de poids à ses déci- sions ; ainsi, cette finesse d'observation qui, d'un mot ou d'un coup d'œil, lui faisait deviner et connaître les caractères aussi bien que les personnes; ainsi, ce tact parfait qui, jusque dans les moindres détails de la vie intime, dénotait toujours en lui le prêtre saint et l'homme bien élevé.

Pour dernier trait à cette peinture de ses qualités, je dirai ce mot d'un de ses amis, attaché comme lui à la paroisse Saint-Denis-du-Saint-Sacrement, et qui l'y remplace aujourd'hui encore en qualité de vicaire. Il prouvera cette espèce de séduction qu'exerçaient le cœur et l'esprit de M. Malbeste.

« Un jour, j'étais allé le consulter sur « une affaire qui me semblait importante; « j'arrive, il me raconte ces mille petites « anecdotes qu'il savait si bien dire, et « moi je l'écoute, et l'écoute si bien que « j'oublie l'objet de ma visite, et me « voilà parti, résolu de commencer une

« autre fois par lui parler de mes affaires
« avant de me laisser enchanter par ses
« paroles. »

Que voilà bien cette piété que caractérise l'Apôtre, en l'appelant pleine de candeur et d'amabilité ! Rien ne résiste à cet attrait : c'est la vertu de Dieu. M. Malbeste la manifesta dans toute sa grâce aux derniers moments d'un de nos plus spirituels académiciens.

Le gracieux Laujon voyait s'approcher le terme d'une vie, sinon coupable aux yeux de la société, du moins bien dénuée de ces œuvres chrétiennes qui inspirent la confiance à ce dernier instant.

Je fus appelé près de lui pour l'exercice de mon ministère :

« M. l'abbé, me dit-il, que n'a pas à
« craindre un vieux pécheur comme moi,
« à l'approche du jugement de son Dieu !
« Oh ! que d'amères réflexions ne doit pas

« faire à ce moment suprême celui qui n'a « consacré sa plume qu'à des productions « toujours profanes et souvent dange- « reuses ? »

« Je lui répondis : « Mais Dieu n'est-il « pas le père des miséricordes ? Espérez « tout de son immense bonté et de votre « repentir ; et d'ailleurs, M. Laujon, vous « qui vous rappelez avec amertume celles « de vos œuvres dont vous désavouez en « ce moment l'esprit, avez-vous donc ou- « blié que votre plume, une fois chré- « tienne, traça les beaux vers d'une ode à « l'Éternel ? »

A ce souvenir, son visage, que les glaces de quatre-vingt-quatre années, les souffrances d'une longue maladie, et, plus que tout cela peut-être, les sentiments d'une pieuse terreur avaient profondément altéré, s'anima d'un sourire de bonheur et d'espoir : « Est-ce que vous l'avez lue,

« M. l'abbé? Est-ce qu'elle vous paraît « bonne? »

C'est ainsi que je parvins à réveiller une sainte confiance en cette âme purifiée déjà par de si sincères et si précieux remords, et la foi la plus vive présida à ses derniers sacrements comme à ses derniers instants. « Un poëte est poëte jusqu'à la fin, » ajoutait en souriant le saint vicaire[1].

Laujon mourut en 1811.

Un événement remarquable signala, dans la vie de M. Malbeste, l'année qui suivit. Ce fut le mariage de la fille de l'illustre défenseur de Louis XVI, mademoiselle de Sèze, avec le général de Fleury, que lui-même célébra dans la chapelle particulière de la pension de Mme Mauclair, rue du Harlay.

Devant lui une jeune fille aussi noble qu'elle est modeste, et qu'il a dirigée

[1] Voir la note nº 3.

dans les voies de la vertu; un homme que les armes ont revêtu d'honneurs et de gloire, et tous deux prêts à contracter la plus illustre et la plus sainte des alliances. Devant lui, ce père de l'heureuse fiancée, cet homme dont le nom seul rappelle à l'âme la vertu et le courage : l'immortel avocat du meilleur et du plus malheureux des rois. Devant lui, l'auditoire le plus brillant, la société la plus choisie, j'oserai presque dire toutes les gloires de la France. Son langage fut à la hauteur de ceux qui l'entendaient.

D'abord ce sont quelques mots sur le sacrement de mariage, sur les qualités de celui auquel va s'unir mademoiselle de Sèze, sur l'espérance de bonheur que donne à leurs familles l'heureux assemblage de tant de vertus et tant de brillante renommée; il ajoute ensuite :

« Voilà, Mademoiselle, l'avenir plein

« de joie que vous offre cette union. Tou-
« tefois, permettez-moi de vous le dire :
« en parlant de ces dons que le ciel s'est
« plu à répandre dans votre âme, je n'ai
« eu d'autre intention que celle d'exciter
« en vous les sentiments de la reconnais-
« sance la plus vive pour l'auteur de ces
« dons, et ainsi de vous porter, aidée de
« la grâce, à remplir les espérances que
« ces qualités qui sont en vous ont fait
« justement concevoir; à justifier des
« éloges que sans doute votre modestie
« désavoue; à vous rendre digne, en un
« mot, du nom glorieux que vous portez.

« A ce nom, je ne sais quel enthou-
« siasme vient vous saisir! On s'efforce en
« vain de retenir sa voix; inutilement on
« voudrait ne pas répéter ce qui est si
« connu et ce qui a été dit déjà tant de
« fois; un sentiment plus puissant vous
« entraîne et vous transporte à une époque

« où la Providence, pour l'instruction des « hommes, a voulu manifester sensible- « ment le néant des grandeurs humaines. « Là, se voit ce puissant de la terre qui « naguère dominait un peuple immense, « celui dont un signe eût suffi pour armer « des millions de bras prêts à le défendre, « il est là seul! car tous l'abandonnent, « tous fuient, tous ont vu leur courage se « glacer; tous! oh! non; un seul homme, « un homme d'une sensibilité profonde, « d'une énergie brûlante, de l'âme la plus « forte et la plus magnanime s'élance pour « le sauver; et, sans craindre de devenir « lui-même victime de son zèle, il dé- « ploie avec une noble intrépidité tout ce « que l'éloquence a de plus persuasif, tout « ce que le sentiment national a de plus « généreux, donnant ainsi l'exemple du « dévouement le plus mémorable, et asso- « ciant ainsi tellement son nom au nom de

« l'illustre infortuné, qu'on ne peut plus « désormais penser aux malheurs de l'un, « sans que la gloire de l'autre ne vienne se « mettre à côté pour vivre ensemble jus- « que dans la postérité la plus reculée ; et « cet homme, Mademoiselle, est celui de « qui vous avez reçu le jour, et dont le ciel « lui-même a pris soin de couronner l'hé- « roïque dévouement ; car, au milieu des « mille glaives qui menaçaient une tête si « chère, il le sauve et le conserve ainsi à « sa vertueuse épouse, à ses fils si honora- « bles, à ses amis, si heureux d'un titre « aussi flatteur ; enfin, à vous, Mademoi- « selle, à qui il sera encore donné de rece- « voir, et les conseils de sa sagesse, et les « témoignages de sa vive et tendre af- « fection. Il attend de vous, Mademoiselle, « et son espoir ne sera pas déçu, que vous « aimerez à vous acquitter constamment « de vos devoirs ; que vous vous montrerez

« en tout temps comme un modèle de ver-
« tus, d'ordre, de régularité, et que vous
« serez véritablement, selon l'expression
« du Sage, l'honneur de votre famille,
« l'ornement de votre maison et la gloire
« de votre époux. »

Deux mois s'étaient à peine écoulés, que le Chapitre Métropolitain voulut enfin récompenser tant de vertus et de talents modestes. Déjà, au mois d'août de la même année, il avait été choisi pour la cure de Saint-Merry; Dieu ne permit pas qu'il y fût installé, il le réservait pour une œuvre difficile et digne de son zèle.

Dans l'un des quartiers les plus populeux de Paris, une paroisse nouvelle commençait à se former péniblement; la Providence l'y plaça. M. l'abbé de Plaimpoint, curé de Sainte-Élisabeth, venait de mourir, et M. Jalabert, alors archidiacre de Notre-Dame, en fit l'offre à M. Malbeste, pour lequel il éprouvait une affection paternelle. Le premier mot du pieux vicaire fut un mot de refus. Jamais il n'avait ambitionné la direction d'une paroisse : sa piété s'opposait à la responsabilité d'une telle charge, effrayé du compte qu'avait à rendre à Dieu le simple prêtre employé dans les fonctions du saint ministère, plus effrayé de celui qu'avait à rendre le pasteur : c'est à lui qu'est spécialement confié le soin des âmes qui font partie de sa paroisse ; c'est à lui qu'est imposée surtout la nécessité d'une vie pleine d'édification ; c'est à lui enfin de dire à ses paroissiens, comme le disait l'Apôtre aux fidèles qu'il attirait à Dieu : Imitez-moi comme j'imite Jésus-Christ. Cette charge de pasteur est donc bien pesante à qui la regarde en Dieu ! Cependant, malgré toutes ses oppositions au désir de ses supérieurs, M. Malbeste s'était habitué à considérer toutes choses avec l'œil de la foi; et l'autorité ecclésiastique ayant exigé de lui l'obéissance, il se soumit.

Avant d'entrer dans le détail des actes de son administration, quelques mots sur l'histoire de Sainte-Élisabeth ne me semblent pas inutiles, ils feront mieux juger du zèle et des vertus du nouveau pasteur.

En 1603 mourut à Besançon un jeune gentilhomme appelé de Récy. Sa vie dissipée avait scandalisé la ville, sa mort sainte l'édifia. Ce changement fut dû aux prières de sa pieuse épouse et d'une fille, jeune encore, mais déjà parfaite en vertus.

Cette mort brisa tous les liens qui retenaient dans le monde madame et mademoiselle de Récy, et leur permit de mettre enfin à exécution le projet qu'elles avaient conçu depuis longtemps, celui de fonder un institut du Tiers-Ordre de saint François d'Assise

Le serviteur de Dieu avait institué cet Ordre, en 1221, près de la ville dont il portait le nom. La règle qu'il composa pour cet effet, et que confirma le pape Nicolas IV, s'accordait pour tous les devoirs des différentes conditions du monde : elle déclarait expressément, que les observances qui y étaient prescrites n'obligeaient point sous peine de péché, mais engageaient seulement à une pénitence, dans le cas d'une transgression volontaire, à moins toutefois que ces observances ne fussent commandées par la loi divine ou par les ordonnances de l'Église. Le but du saint fondateur n'avait été que de porter les âmes, qui faisaient partie de ce Tiers-Ordre, à une perfection plus grande que la perfection des simples fidèles.

Cette institution fit les plus grands progrès, et les souverains Pontifes se plurent à la combler de faveurs spirituelles. Plusieurs congrégations de Tierciaires se formèrent, vivant en communauté, faisant les vœux et pratiquant les œuvres de miséricorde; elles ne tardèrent pas à être érigées en corps de religion. Léon X confirma et étendit le Tiers-Ordre régulier par sa bulle du 20 janvier 1521, séparant de la règle primitive ce qui ne convenait pas à des religieux, et l'accommodant aux observances de l'état de religion. Sainte Elisabeth de Hongrie, duchesse de Thuringe, fut, selon plusieurs historiens, la première Tierciaire qui fit, avant 1231, les vœux solennels, ce qui l'a fait regarder comme la mère des religieux et religieuses du Tiers-Ordre.

La congrégation de France reçut la réforme, en 1594, du P. Vincent Mussard. Ce fut à cette réforme que s'attachèrent mesdames de Récy. Dès lors leur résolution fut inébranlable, et le 7 mai 1604, jour de l'Ascension, ces saintes femmes, appuyées de l'approbation du pape Clément VIII, et de l'assentiment de Monseigneur de Ric, archevêque de Besançon, prirent enfin l'habit de la pénitence, et s'établirent au bourg de Vercel.

La persécution les y suivit : la calomnie les força bientôt de se disperser, et cette dispersion, qui pouvait être regardée comme un immense malheur, procura à plusieurs villes le bonheur de jouir de l'édification de leurs bons exemples : d'abord à Salins, puis à Dôle, à Lyon, et, pour en passer d'autres, à la ville de Paris, où le P. Mussard les reçut et les plaça, en l'année 1613, dans une maison de la rue Neuve-Saint-Laurent, dont il fit l'acquisition.

L'année suivante, le roi, par ses lettres patentes du mois de janvier, permit aux dames du Tiers-Ordre d'établir *un monas-*

tère de douze sœurs de la pénitence, de l'étroite observance du Tiers-Ordre de saint François. Les lettres furent enregistrées au parlement en 1615, et l'évêque de Paris, à son tour, leur donna la permission de construire un couvent dans la maison que leur avait procurée le P. Mussard.

Dès son institution, et dans les années qui suivirent, cet ordre fut protégé par la faveur des rois et des reines, comme il était déjà protégé par les bénédictions du Roi qui règne au plus haut des cieux. Marie de Médicis se déclara protectrice spéciale et fondatrice de ce monastère, et le 14 avril 1628, elle posa solennellement la première pierre de l'église, qui fut dédiée à sainte Élisabeth de Hongrie. Cet honneur valut à la maison le titre de *Monastère Royal.*

Anne d'Autriche et le roi Louis XIV prirent aussi sous leur protection le couvent de ces saintes religieuses, que Dieu, dans le dernier siècle, devait encore livrer à de nouvelles épreuves. Le génie du mal avait étendu sur la France cette main que guide la vengeance divine et qui ébranle tout. La religion se couvrit d'un voile de douleur, les églises furent fermées, les asiles de la prière et de la solitude furent détruits, les âmes paisibles qui les habitaient sous la pensée de Dieu furent forcées de fuir : gloire, richesses, protection, bonheur, tout s'évanouit! L'église restait : une pensée d'utilité publique la sauva de sa ruine, en la transformant en magasin à farine.

Le concordat la rendit au culte, et dans la nouvelle circonscription des paroisses qui eut lieu à cette époque, le gouvernement la donna pour église à la paroisse qu'il venait de former, et qui prit naturellement le nom de Sainte-Élisabeth.

M. l'abbé de Plaimpoint en fut le premier pasteur. Jamais commencements ne furent plus pénibles. Les murailles dépouillées de leurs richesses, les prêtres sans ornement, Jésus-Christ sans autel, Dieu sans adorateurs; aux offices, peu d'assistants; aux prédications, peu d'auditeurs; aux tribunaux de la pénitence, peu de pécheurs contrits. Un mot était passé en proverbe dans le quartier pour exprimer une solitude profonde : *c'est un désert comme Sainte-Élisabeth.*

Ce fut en ces circonstances déplorables, et si capables de décourager une âme moins forte dans sa foi que la sienne, que M. Malbeste prit possession de la cure de cette paroisse, le 4 janvier 1813.

Installation de M. Malbeste. — Son discours à ses paroissiens. — Hommage à la mémoire de M. de Plaimpoint, son prédécesseur. — Son zèle pour le bien de sa paroisse. — Qualités de sa prédication. — Détails sur l'histoire du Temple. — Construction du marché.

Le choix que fit l'autorité ecclésiastique, en déléguant M. l'abbé Bossu, curé de Saint-Eustache, pour présider à la cérémonie de son installation, parut être à M. Malbeste d'un bon augure pour le succès de son administration. Vingt ans auparavant, ce digne et respectable ecclésiastique avait dirigé la paroisse de Saint-Paul, et M. Malbeste, alors nouvellement ordonné, avait fait sous lui, et à sa grande satisfaction, les premiers essais de son ministère. M. le curé de Saint-Eustache n'oublia pas ce fait, et dans son discours, il ranima le rayon de l'espérance à demi éteint dans les cœurs des habitants fidèles, en suivant pas à pas la carrière sacerdotale de leur nouveau pasteur : carrière de piété, de zèle et de douleur.

Ces paroles toutes paternelles avaient produit leur effet. Le souvenir de sa conduite au milieu des mauvais jours de la Révolution, la réputation de ses vertus et de ses talents, son visage plein de douceur, ses manières affables, tout avait prévenu en sa faveur, mais il lui fallait se faire connaître par lui-même. Il le fit, et ses premières paroles le révélèrent à ses paroissiens. C'était le dimanche; le cœur agité par de saintes émotions et toutefois fortifié par la confiance, il monte en chaire, et de cette voix douce et persuasive qui captivait ses auditeurs, il commence en ces termes :

« La Providence divine, cette Provi-
« dence qui règle tout au monde, qui
« conduit tout par sa sagesse, qui, selon
« l'oracle de l'Esprit saint, disposant tou-
« tes choses avec force et suavité, les at-
« teint d'une extrémité à l'autre, et les
« fait servir à l'accomplissement de ses
« desseins : oui, la Providence nous a
« appelé au milieu de vous, pour nous
« confier le gouvernement spirituel de vos
« âmes, tout indigne que nous puissions
« être d'un ministère si intéressant et si
« redoutable à la fois.

« Organe de cette Providence divine,
« Monseigneur le Cardinal, nommé Ar-

« chevêque de Paris, a daigné faire choix « de nous pour nous établir à votre tête. « Oh! puissions-nous répondre à sa con- « fiance et justifier son choix!

« Cependant nous ne vous dissimule- « rons pas, nos chers paroissiens, et votre « bonté ne s'offensera pas d'un aveu qui « attriste notre reconnaissance; non, nous « ne vous dissimulerons pas qu'il en coûte « infiniment à notre cœur de nous séparer « de ceux auprès desquels nous avons vécu « si longtemps. Ècoutez-moi, et vous « comprendrez ma peine.

« Attaché depuis trente années au ser- « vice d'une des paroisses considérables « de cette ville, et sous la conduite du « pasteur respectable qui nous installa dans « cette église, il y a peu de jours, nous « avions dû nécessairement contracter avec « les fidèles de ces quartiers les liens de la « plus tendre charité. Plus tard, après les

« jours de tempête, ayant retrouvé dans « l'exercice de notre ministère une partie « de ces mêmes fidèles, les liens de cette « affection ont dû se resserrer encore. Je « les aimais, et comment pouvions-nous « être insensible à tous ces témoignages « d'estime, d'attachement et de confiance, « qui nous ont accompagné, même jusque « dans cette paroisse!

« Mais si notre sensibilité peut à peine « se contenir, oh! encore une fois, n'en « soyez pas offensés ; loin de là, ces mar- « ques d'affection vous doivent être les « sûrs garants de celle que nous éprouve- « rons pour vous; car si le sentiment de « la charité paternelle et apostolique nous « a si puissamment animé jusqu'à ce jour, « que sera-ce lorsqu'il nous est conféré « par Dieu lui-même un titre qui vous « place immédiatement dans notre cœur, « et qui vous rend les objets nécessaires

« de notre plus tendre sollicitude. Ah!
« qu'il nous soit donc donné de remplir
« dignement les obligations que ce titre
« nous fait contracter avec vous!

« L'exemple de celui que je remplace
« m'aidera puissamment à les accom-
« plir.

« Vous lui devez vos regrets, nos chers
« paroissiens, car il les mérita. Vertueux
« par principe et par goût, M. de Plaim-
« point montra dès l'enfance les plus heu-
« reuses inclinations. La sagesse n'attendit
« pas en lui la maturité de l'âge, et les
« vertus lui semblaient inspirées, plutôt
« qu'acquises par la réflexion. Revêtu du
« ministère pastoral qu'il exerça pendant
« de longues années, on l'a vu montrant
« à tous les yeux une foi pure, une piété
« sincère, une inaltérable douceur, une
« admirable charité. Mais laissons tous ces
« éloges, et pour nous borner, que n'a-

« vons-nous pas à dire du zèle qu'il dé-
« ploya dans le but de vous préparer le
« saint asile qui nous rassemble en ce
« jour! Avec quelle ardeur il sollicita la
« restauration de ce monument! A quels
« soins pénibles il se livra pour réparer
« les ruines de ce temple, relever les au-
« tels déshonorés, et rendre ce lieu sacré
« moins indigne de la Souveraine Majesté!
« Il nous semble le voir encore au jour de
« cette cérémonie touchante qui consa-
« cra, en quelque sorte, l'inauguration
« de ce temple. Cette sérénité d'âme,
« cette joie douce de la vertu qui resplen-
« dissait sur son visage, ces cheveux
« blancs qui ornaient cette tête vénérable,
« ce charme inexprimable répandu sur
« tous ses traits : tout en lui justifiait les
« éloges flatteurs que lui donnait naguère
« devant vous un homme, que l'Église
« compte aujourd'hui parmi ses pontifes.

« Mais Dieu veut que l'épreuve purifie la « vertu de ses saints, et celle de notre res- « pectable prédécesseur fut soumise aux « atteintes d'une maladie longue et dou- « loureuse qui couronna tous ses mérites. « Plein de jours et de bonnes œuvres, il « s'endormit enfin dans le Seigneur.

« Non, sa mémoire ne s'effacera pas de « notre souvenir ; elle animera nos efforts, « elle excitera notre courage, elle enflam- « mera notre zèle, et nous fera remplir « ainsi les vœux de son cœur, en procu- « rant à vos âmes le salut éternel.

« Votre salut éternel ! oh ! oui, m'est « déjà bien cher ! Mais pour y parvenir, « venez à nous avec assurance, et toujours « vous nous trouverez prêt à vous visiter « dans vos maladies, à vous secourir dans « vos besoins, à vous consoler dans vos « peines, à vous éclairer dans vos doutes, « à vous relever dans vos chutes, à vous

« fournir en un mot tout ce qui peut faire « le bonheur ici-bas, et l'assurer invaria- « blement au ciel.

« Il est un objet qui excite nos plus vi- « ves sollicitudes, c'est l'état des membres « souffrants de notre Dieu. Le ciel a mis « en notre âme l'amour de ceux qui sont « pauvres, et de tout temps il nous a in- « spiré le désir de les soulager dans leurs « misères; mais ce sentiment est devenu « plus fort, mais ce désir est devenu plus « vif, depuis que nous nous voyons « chargé d'une grande famille, et par « conséquent depuis que nous avons des « besoins plus étendus à satisfaire. Il est « surtout une classe respectable d'infor- « tunés, humiliés de leur indigence, at- « tentifs à la cacher, à en écarter même « le soupçon, eh bien! il faut que la cha- « rité vigilante du pasteur perce les téné- « breuses retraites où s'enfoncent ces

« victimes honorables de la pauvreté ; il « faut que son zèle ingénieux surprenne « le secret de leur misère, qu'il obtienne « l'aveu de leurs besoins, et que, sans se « contenter de stériles consolations, il « porte à tant de maux un remède effi- « cace. Il est si doux, nos chers enfants, « d'exercer la bienfaisance!

« Secourir la vertu indigente, arracher « l'innocence aux piéges de la séduction, « arrêter la ruine d'une famille, sauver « un malheureux de son propre déses- « poir, voir le front des infortunés s'é- « panouir à son aspect, changer leurs « jours de deuil en des jours de joie, re- « cueillir leurs bénédictions sur son pas- « sage, devenir pour eux un ange tuté- « laire, une seconde Providence, un Dieu « protecteur, et par quelques faibles sa- « crifices, opérer ces merveilles, goûter « ces jouissances et gagner le ciel, oh !

« quelle âme assez insensible pourrait
« résister à de si puissants attraits ! »

Fénelon a dit un mot bien vrai et bien digne de sa pieuse sensibilité : c'est que « rien n'est si tendre, si ouvert, si vif, « si doux, si aimable et si aimant, qu'une « âme que possède et anime une affection « fondée en Dieu. »

M. Malbeste le prouvait par son propre exemple, et les souvenirs délicieux, ainsi que les amis sincères qu'il a laissés à sainte Élisabeth, sont les témoins de la vérité que j'avance.

Un pasteur, si pleinement pénétré de ses devoirs et si bien inspiré par son âme, ne tarda pas à se faire connaître de ses nouveaux paroissiens, et il acquit en peu de temps leur estime et leur affection. Il en profita. Le manque de prêtres et la longue maladie du respectable M. de Plaimpoint, alors curé, avait fait déserter les offices, et il voulut y ramener les fidèles ; les sacrements étaient négligés, et il voulut que son troupeau y vînt puiser abondamment la vie de la grâce. Pour atteindre ce but, il se multiplia ; tout à tous et la nuit et le jour, tantôt il était priant pour sa paroisse, tantôt se livrant à la prédication, tantôt, par de pieuses visites, s'efforçant de faire passer en toutes les âmes, le feu de la dilection qui était dans la sienne.

Ainsi, continuellement en présence du Seigneur, il ne savait ni s'occuper d'affaires, ni se récréer sans lui. C'était avec Dieu, le fils le plus soumis pour son père, comme Dieu était pour lui le père le plus attentif à ses besoins. Ne nous étonnons donc pas des succès qu'il eut dans le cours de son ministère. La bénédiction divine marchait pour ainsi dire avec lui ; il semblait, en effet, qu'une vertu secrète émanât de sa personne, lorsque prosterné devant les autels de l'agneau sans tache, il le priait pour sa famille chérie ; ou lorsque, dans ses mains portant le Saint des saints, il allait pas à pas, à travers la foule qui l'entourait, bénissant les enfants, les parents, les pauvres, les vieillards.

Je l'ai encore présente à mon esprit, et délicieusement gravée dans mon cœur, l'impression que me fit éprouver cet homme de Dieu, alors que, pour la première fois, je l'entendis, de sa voix douce, me parler de ma vocation, de mes devoirs, du zèle que, jeune prêtre, placé sous sa conduite, je devais apporter dans les fonctions de mon ministère. Quel charme! quelle suavité dans ces entretiens affectueux où sa foi s'épanchait, avec tant de vérité, de son cœur de bon prêtre et de père!

L'Apôtre a écrit un mot qui exprime bien l'empire de la foi sur l'homme juste : *elle est sa vie*, dit-il ; et c'était là en effet comme l'aliment qui vivifiait l'âme de ce bon vieillard ; c'était là comme le rayon de lumière qui brillait en ses actes aussi bien que dans ses paroles. De là, cette simplicité noble de ses prédications, cette éloquence de cœur, tout à la fois si naturelle et si pénétrante ! J'en ai la preuve dans ses sermons, et les divers passages que j'en extrairai, serviront mieux que mes paroles à montrer que ce n'étaient pas ces discours d'académie, qui souvent ont retenti dans nos chaires, et dont les périodes, artistement enlacées entre elles, semblent défier la sagacité du plus habile critique. Sans doute, il trouvait bien dans Démosthènes, dans Cicéron, dans les orateurs profanes, la pompe et la solennité du style : ces ornements leur sont nécessaires. Mais pour lui, dont la pensée s'élevait plus haut que la pensée toute matérielle de ces génies du monde, il n'envisageait dans la prédication qu'un seul but, qu'un seul triomphe : celui du retour de l'âme vers Dieu. Pour y parvenir, il ne trouvait pas de plus efficace moyen que l'expression toute simple d'un esprit convaincu et d'un cœur touché. Les applaudissements, les éloges flatteurs, les assemblées nombreuses et distinguées, tout cela est peu de chose pour le vrai ministre de la parole de Dieu. *Da mihi animas*, donnez-moi vos âmes ! Ce cri des saints renferme toute la science de la prédication de Jésus-Christ.

Qui ne connaît ce mot si divinement apostolique de saint François de Sales ?

« Voulez-vous savoir à quoi je recon-
« nais l'excellence et le prix d'un prédi-
« cateur ? c'est quand ceux qui sortent de
« la prédication disent en se frappant la
« poitrine : Je ferai bien ! non pas quand
« ils disent : Oh ! qu'il a bien parlé ! Oh !

« qu'il a dit de belles choses ! Oui, car
« dire de belles choses et avec éloquence,
« c'est faire paraître la science ou l'élo-
« quence d'un homme ; mais quand les
« pécheurs se convertissent et se retirent
« de leurs mauvaises voies, c'est signe que
« Dieu parle par la bouche de ce prédica-
« teur ; qu'il a la vraie science de la croix
« et celle des saints. Le vrai fruit de la
« prédication est que le péché soit aboli,
« que la justice règne sur la terre ; c'est
« pour cela uniquement que Dieu envoie
« les prédicateurs, comme Jésus-Christ
« ses apôtres, afin qu'ils fassent du fruit
« et que ce fruit demeure. »

Entrez dans l'intérieur de l'une de ces familles patriarcales où le père, qui en est le chef, s'entoure de ses nombreux enfants, leur adresse quelques douces paroles d'exhortation à la vertu, ou leur fait lecture de quelques récits de la vie merveilleuse des saints. Admirez-vous le silence respectueux de la famille ? Par quel secret d'éloquence ce père vénérable a-t-il ainsi captivé tous les cœurs ? Nul autre que son amour ; et parce qu'il aime ses enfants, il a puisé tout à la fois dans sa tendresse et la persuasion et l'onction de sa parole.

Tel était M. Malbeste au milieu de ses paroissiens ; son discours, son action simple, son accent plein de douceur, tout en lui captivait ses auditeurs, et il puisait dans sa foi, comme en son amour pour eux, ce charme qu'il savait si bien répandre autour de lui.

Ce sentiment de charité le guidait en toutes ses compositions, et parce qu'il se plaisait à dire qu'il parlait pour tout le monde, il avait pris pour caractère de ses sermons deux qualités fondamentales de tout bon discours : clarté et pratique. Ainsi jamais de définitions embrouillées, jamais de divisions arrachées par force de son texte, jamais de développements purement métaphysiques ou destinés au seul plaisir de l'oreille. On ne peut disconvenir que ce fut à ce genre si vrai et si évangélique, qu'il dut de plaire également à ceux de ses paroissiens connus par leur science ou leur position brillante dans la société, et a ces âmes simples qui ne savent qu'aimer et servir le Seigneur.

Grâce à Dieu, plusieurs de ses instructions me sont restées, et je suis heureux de les reproduire; en elles se retrouvent tout ensemble le bon prêtre, le bon pasteur et le bon prédicateur de l'Évangile.

Depuis longues années le gouvernement avait résolu de dégager le marché des Innocents des différentes industries qui y avaient formé des établissements. Son intention était d'y construire une vaste halle, uniquement destinée à la vente des objets de consommation matérielle. En dégageant ainsi ce marché, il fallait en même temps trouver un lieu convenable pour y transporter et y établir les branches de commerce auxquelles le gouvernement donnait, en ce lieu, la plus entière exclusion. Il jeta donc les yeux sur un emplacement assez vaste que lui offrait l'enclos de l'ancienne maison du Temple, et là s'arrêtèrent ses plans de construction.

Les années amènent avec elles d'étranges révolutions! A voir l'instabilité de toutes les choses humaines, on sent que la Providence a voulu donner à l'homme une leçon salutaire, en le forçant à se convaincre ainsi de sa faiblesse : à Dieu seul appartient l'immutabilité de ses œuvres. Ces vérités sont inscrites dans les diverses phases de l'existence de cette maison du Temple.

En 1099, neuf chevaliers, qui avaient suivi Godefroi de Bouillon, formèrent le dessein de se consacrer spécialement à la garde du Saint-Sépulcre et à la défense des voyageurs. Quelques années plus tard, en 1118, sous Baudouin II, ces gentilshommes se réunirent en communauté, selon l'institut des chanoines réguliers, sous la règle de saint Augustin : aux trois vœux ordinaires de religion, ils ajoutèrent celui de veiller à la sûreté des chemins et à la défense des pèlerins. Ce dernier vœu rendit cet ordre tout à la fois régulier et militaire.

Huit ans s'étaient à peine écoulés depuis leur fondation, que le roi Baudouin, voyant que les chevaliers n'avaient encore ni demeure fixe, ni chapelle, leur permit de se loger dans le quartier méridional de son palais, contigu à ce qu'on appelait alors le temple de Salomon, de là le nom de Templiers.

Cet ordre ne fit de grands progrès que lorsque, en 1127, Hugues des Payens, premier grand-maître, se fut présenté au concile de Troyes, réclamant la confirmation de son ordre. Sa demande fut agréée. Le concile obligea les chevaliers à prendre le vêtement blanc, symbole de la pureté de vie qu'ils devaient pratiquer, et le pape Eugène y joignit la croix rouge, en signe du sang qu'ils faisaient profession de répandre pour la défense des saints lieux.

On croit assez communément que ce fut en l'année 1148 seulement qu'ils songèrent à se fixer à Paris. Nous ne vérifions point ce fait, mais ce qu'il est permis de dire avec certitude, c'est qu'il ne reste de leur existence en cette ville qu'un titre authentique, en date du mois de novembre 1211, établissant clairement que les Templiers ont acquis une propriété particulière, à Paris, ou plutôt dans un terrain touchant aux portes de la capitale. Ils n'y demeurèrent pas longtemps, car les immenses richesses qu'ils possédèrent ne tardèrent pas à répandre parmi eux une influence si pernicieuse, que tant d'années de vertu, tant de gloire, tant de sainteté tombèrent, en présence d'une corruption qui devint universelle, et pervertit bientôt l'ordre tout entier. Je rapporte l'histoire, et cette histoire nous apprend que les édits et les supplices purent seuls mettre fin à d'aussi grands scandales.

Cet Ordre cessa d'exister en l'année 1312, sous le règne de Philippe-le-Bel et le pontificat de Clément V; une partie de ses biens passa à l'Ordre de Saint-Jean-de-Jérusalem, qui fit de cette vaste demeure, dont nous parlons, la maison provinciale du grand-prieuré de France.

L'enclos du Temple occupait alors une étendue considérable de terrain, enfermé de hautes murailles crénelées. D'espace en espace, s'élevaient des tours dont plusieurs tombaient en ruines, dans le dix-huitième siècle. Celle qu'on avait surnommée *la Grosse tour* était dans l'enclos même, et quatre tourelles en flanquaient les angles ; son origine remontait jusqu'à l'an 1306. Longtemps elle servit de magasin d'armes; mais dans ces derniers temps elle n'avait plus d'autre usage, que de renfermer les titres et archives du grand-prieuré ; ses salles étaient réservées aux assemblées du chapitre de l'Ordre.

Il y avait encore là une église aussi ancienne que l'Ordre des Templiers et bâtie sur le modèle de Saint-Jean-de-Jérusalem.

Aujourd'hui, il n'existe plus le moindre vestige de cet ancien édifice ; tout a disparu, et la maison du Temple, où se trouvait le palais du grand-prieur, et les autres bâtiments qui y avaient été joints à diverses époques.

Une partie très-considérable de l'enclos fut convertie, dans l'année 1809, en un marché couvert, et c'est celui dont je veux parler ; il est composé de quatre immenses nefs sous lesquelles sont placées près de deux mille boutiques. Sous l'Empire et vers l'an 1811, quelques années seulement avant la Restauration, le gouvernement acheva de faire abattre ce qui restait encore de l'ancien prieuré, et notamment la trop fameuse *Grosse tour*, à laquelle n'est plus attaché que le triste souvenir, qui l'a rendue si malheureusement célèbre dans les annales de notre histoire.

On sait que ce fut dans les salles antiques de cette tour, qu'une royale victime prépara son sacrifice et son martyre. A sa place s'élève aujourd'hui un monastère de Bénédictines de l'adoration perpétuelle, fondé par madame la princesse de Bourbon Condé, qui en fut élue la première supérieure générale. Ainsi l'Ange de l'innocence et l'Ange de la prière se chargèrent d'effacer, en l'expiant par la pénitence, la mémoire de cette catastrophe sanglante et lamentable.

Bénédiction du Marché-du-Temple. — Discours de M. Malbeste. — Exemples de sa charité. — Il se choisit un clergé capable de le seconder dans l'exercice de son ministère. — M. Hubault Malmaison. — Amendes honorables prononcées par M. Malbeste à Sainte-Élisabeth.

Lorsque le marché construit dans l'enclos du Temple fut entièrement terminé, la religion, qui est de tous les temps, de tous les états et de toutes les fêtes, y vint implorer et répandre les bénédictions du ciel. M. l'abbé de Plaimpoint, curé de Sainte-Élisabeth, dont relevait le marché avec toutes ses dépendances, présida le premier à cette imposante cérémonie, qui se renouvela régulièrement pendant un grand nombre d'années.

Le jour du second anniversaire de cette bénédiction, le 22 février 1813, fournit à M. Malbeste, alors curé de la paroisse, l'occasion de faire entendre sa voix paternelle à ses nouveaux paroissiens.

Une messe du Saint-Esprit avait été solennellement célébrée, et selon l'usage heureusement établi, et aujourd'hui tombé malheureusement en désuétude, toutes les dames du marché du Temple s'étaient rendues à l'église. Le nouveau pasteur profite de la circonstance favorable qui s'offrait à lui, et montant en chaire, il les félicite de leur zèle à placer ainsi sous la protection de Dieu, leurs personnes et leurs établissements. Rien de plus louable, rien de plus digne d'édification.

« Mais en venant implorer ici le secours

« du ciel pour le succès de vos affaires, « oublierez-vous, continue M. Malbeste, « d'invoquer l'aide de Dieu pour le suc- « cès de la première et de la plus impor- « tante de toutes vos affaires : le salut de « votre âme ! Qu'est-ce, en effet, qu'un « acte religieux, dont le principe et la fin « se borneraient à une brillante cérémo- « nie ? Qu'est-ce qu'un sentiment de piété, « qui vous conduirait un seul jour en pré- « sence du Seigneur, et qui vous laisserait « loin de lui le reste de l'année ; qui dans « ce seul jour vous ferait élever vers le « ciel une voix suppliante, et vous con- « damnerait ensuite à un silence coupa- « ble ; qui semblerait, en un mot, pouvoir « acquitter, dans une seule fois, le tribut « de tout une année ? Nous vous dirons « donc avec le grand Apôtre, que nous « pensons mieux de vous, et que nous « sommes persuadé qu'en vous appliquant

« avec ardeur à vos intérêts temporels,
« vous ne voulez pas cependant négliger
« les intérêts de vos âmes, *confidimus de*
« *vobis melius*. Oui, c'est cet intérêt si
« grand qui anime en ce moment notre
« zèle, et nous met au cœur les réflexions
« les plus propres à vous prouver cette
« vérité importante : c'est qu'en qualité
« de chrétiens, nous devons travailler à
« notre sanctification, et que cette sanc-
« tification peut s'acquérir en tous les
« états que la Providence a établis sur la
« terre.

« Il est en effet une remarque à faire, et
« je vous prie de ne pas la laisser échap-
« per, c'est qu'il n'y a ni état, ni emploi,
« ni profession qui n'ait ses saints recon-
« nus par l'Église. La Providence l'a per-
« mis ainsi, afin de vous convaincre que
« ce ne sont pas les diverses conditions
« de la vie qui font les saints ou qui

« mettent des obstacles à la perfection,
« mais que la vraie sainteté est dans la
« conduite qu'on tient en ces condi-
« tions, dans les vertus qu'on y pratique,
« dans la fidélité avec laquelle on s'y ac-
« quitte de ses devoirs, et c'est ce que
« disait un grand docteur aux chrétiens
« de son temps : Qu'importe à quelle pro-
« fession vous apparteniez ; qu'importe
« l'état que vous exerciez, je ne m'en sou-
« cie pas ; mais ce qui doit être commun
« à tous les chrétiens, de quelque condi-
« tion qu'ils soient, ce qui leur est impo-
« sé, quelle que soit leur vocation, c'est
« de remplir exactement leurs obligations
« et de s'occuper sérieusement de leur
« salut.

« Vous m'alléguerez peut-être la diffi-
« culté d'allier, dans le monde, les de-
« voirs de son état avec ceux que prescrit
« la religion. Ah! sans doute, en considé-

« rant le monde comme étant un composé
« d'hommes corrompus et corrupteurs,
« il est difficile de concilier ses erreurs
« avec l'esprit de vérité, ses maximes per-
« nicieuses avec les saintes règles de l'E-
« vangile, le culte de Baal avec celui du
« Dieu d'Israël. Mais si nous considérons
« le monde comme une société de per-
« sonnes exerçant différentes professions,
« comme un assemblage de conditions di-
« verses plus ou moins élevées, dans les-
« quelles se rendent des services respec-
« tifs, où tous mutuellement se secourent,
« s'entr'aident, et par mille moyens con-
« courent à se procurer bien-être et sû-
« reté : disconviendrez-vous que cette uti-
« lité réciproque, que ce commerce qui
« unit tous les hommes entre eux en les
« rendant nécessaires les uns aux autres,
« ne soit dans l'ordre naturel une des
« plus admirables dispositions de la Pro-

« vidence et le chef-d'œuvre de la sagesse
« divine? Or, maintenant, prétendre que
« dans ce monde considéré sous ce dernier
« point de vue, les maximes de l'Evangile
« ne peuvent s'accorder avec les obliga-
« tions de l'état qu'on professe, ou encore
« que la pureté de sa morale est incompa-
« tible avec les devoirs de chaque voca-
« tion, c'est une erreur aussi dangereuse
« qu'elle est criminelle ; il est donc possi-
« ble d'être saint dans tous les états.

« Si vous ne m'en croyez pas, ou plutôt
« si vous pensez que réellement votre état
« soit un obstacle au salut de votre âme,
« alors je dois vous le dire avec franchise,
« c'est que cet état est un crime et vous
« devez y renoncer. Mais admettant en-
« core une fois une vocation dans l'ordre
« de la société, c'est injurier Dieu, offen-
« ser sa providence, blasphémer sa sa-
« gesse que de le regarder comme en op-

« position avec le salut. Je veux donc le « dire hautement : non, non, il n'y a pas « d'état dans le monde qui ne soit, qui ne « puisse être et qui même ne doive être, « un état de sainteté.

« Ah ! que malgré tous les soins multi-« pliés de vos affaires, malgré l'activité « infatigable qu'on vous voit mettre dans « votre commerce, malgré les vives solli-« citudes auxquelles vous êtes livrés, il « vous serait facile encore de remplir les « devoirs d'un bon chrétien ! Commencer « et finir la journée par la prière, élever « votre cœur vers Dieu, lui rapporter tous « vos actes, lui faire l'offrande de votre « travail, sanctifier le jour du repos de « Dieu par des œuvres de religion, est-ce « donc là quelque chose qui puisse être si « pénible ?

« Ici, mes frères, est bien le lieu de vous « exprimer, dans toute l'amertume de no-

« tre âme, combien nous sommes affligés
« du peu de respect apporté au saint jour
« du dimanche. Oui, il est du devoir de
« notre ministère de nous élever contre
« l'usage scandaleux de vendre et d'ache-
« ter publiquement pendant ce jour. Est-
« ce donc ainsi que vous prétendez attirer
« sur vous les bénédictions du ciel? Ah!
« plutôt, que par un heureux concert de
« volontés, que par une convention géné-
« rale, soit rendu tout respect à ce jour
« du Seigneur! que de bien en résulterait!
« On goûterait alors ce repos légitime qui
« délasserait des fatigues de la semaine;
« on veillerait à l'intérieur de sa famille;
« on établirait en son ménage l'ordre, la
« paix et l'édification; enfin, on ferait
« joyeusement succéder, aux devoirs ri-
« goureux et sévères du Christianisme,
« d'innocentes récréations.

« Mais, pour justifier ces transgressions

« de la loi de Dieu, je vous entends m'al-
« léguer aussi les nécessités de la vie ; et
« moi je vous dis avec douleur que c'est
« cet empressement si vif pour vos besoins
« matériels que Jésus-Christ réprouve en
« son Evangile, comme injurieux à sa pro-
« vidence. Ouvrez ce livre, et lisez : Ne
« vous livrez pas, dit le Sauveur, à ces
« vives et continuelles sollicitudes pour
« trouver de quoi soutenir votre existence
« et vêtir votre corps : votre âme n'est-
« elle donc pas plus que la nourriture et
« le vêtement? *Nonne anima plus est quam*
« *esca, et corpus plus quam vestimentum?*
« Divine parole du Sauveur du monde!
« Comme s'il nous disait : Occupez-vous
« prudemment des nécessités de votre vie,
« car loin de lui la pensée de nous laisser
« tellement nous confier en la Providence,
« que nous passions nos jours dans une
« oisive indolence : non, mais ce qu'il

« veut, c'est qu'en nous appliquant à nos « travaux, nous attendions tout bon suc- « cès des bénédictions du ciel; ce qu'il « veut, c'est que nous ne soyons pas tel- « lement absorbés par le soin de nos af- « faires, que si l'épreuve arrive, que si « le défaut de réussite trompe nos espé- « rances, que si des malheurs imprévus « nous enlèvent le prix de nos peines, « nous ne tombions pas dans l'abattement « et le désespoir. Et voici sa raison toute- « puissante pour la foi, écoutez-la : Eh « quoi! ajoute le Sauveur, celui qui vous « a donné la vie manquera-t-il de pou- « voir pour vous la conserver? N'êtes-vous « donc pas dans l'ordre des êtres de la « création ceux qui ont un plus grand « prix à ses yeux? En un mot, ne lui êtes- « vous pas plus chers que les oiseaux du « ciel? Eh bien! voyez-les, ils ne sèment « pas, ils ne moissonnent pas, ils n'amas-

« sent rien dans les greniers, et cepen-
« dant votre Père céleste les nourrit. *Et*
« *Pater vester cœlestis pascit illa.* Ainsi,
« Dieu a soin des animaux qu'il n'a créés
« que pour votre usage, et il ne penserait
« pas à vous! Il s'occuperait de ces êtres
« auxquels il n'a donné qu'un instinct
« borné, une vie toute terrestre, et il ou-
« blierait ces nobles créatures qu'il a
« douées de raison et d'une âme immor-
« telle! Enfin, votre Père céleste nourri-
« rait les oiseaux du ciel, et il laisserait
« périr ses enfants!

« Avouons-le, nous sommes bien indi-
« gnes d'avoir Dieu pour père, quand
« nous nous reposons moins sur sa sagesse
« que sur nos ressources; moins sur sa
« bonté que sur notre travail; moins sur
« sa puissance que sur une moisson que
« le temps, la grêle ou les vers, peuvent

« anéantir dans nos champs ou dans nos « greniers.

« Mais d'ailleurs, et pour finir par ce « mot, que peuvent nos soins, nos solli- « citudes, nos efforts, si Dieu ne les se- « conde? Toutes nos agitations et tous nos « murmures empêcheront-ils l'action de « la Providence sur nous? Nous sommes « tous sous la main puissante du Seigneur, « et c'est lui qui nous conduit comme il « lui plaît. Il élève les uns, il abaisse les « autres; il accorde des talents à ceux-ci, « et il les refuse à ceux-là; il fait réussir « tels projets et fait échouer telles autres « entreprises; il permet qu'un homme « amasse en quelques années de grandes « richesses, et cela pour en faire une vic- « time de sa justice; et il en laisse un au- « tre tomber dans la plus affreuse indi- « gence; et cela pour en faire l'objet de « ses miséricordes.

« Arbitre souverain des hommes, Dieu « fait agir sa puissance et exécute ses des« seins, sans qu'il nous soit possible d'y « rien changer et d'en rien retarder. Tous « nos soins deviennent donc inutiles; tou« tes nos inquiétudes sont donc super« flues, si ce que nous faisons n'est pas « dans l'ordre de la Providence et si Dieu « n'y donne sa sanction. »

C'était à cette sanction divine qu'il devait de se concilier tous les cœurs de ses nouveaux paroissiens. Il n'était en effet que depuis peu de jours à Sainte-Elisabeth, et déjà il était généralement aimé. Sa charité s'accrut de cette affection universelle. Ange consolateur de toutes les familles affligées, défenseur de toutes les infortunes, protecteur de tous les pauvres, il semblait dire à tous, en empruntant le langage de celui qui est le modèle des pasteurs :

« *Venez à moi, vous qui souffrez, et je* « *vous soulagerai.* »

Il donna mille preuves de ce pieux dévouement.

Une personne, arrivée à Paris et de la connaissance de sa sœur, mademoiselle Malbeste, se trouvait tourmentée de vives peines de famille; il s'agissait pour elle de sacrifier un petit bien qui était la consolation autant que l'unique moyen d'existence d'un père âgé, tendrement aimé, et il y avait obligation prompte de s'acquitter. La pauvre fille pleurait, et quoi qu'on pût lui dire pour l'engager à découvrir le secret de sa douleur, elle gardait envers tous ceux qui l'entouraient le plus continuel et le plus scrupuleux silence.

Un jour enfin, M. Malbeste et sa sœur l'appellent, la pressent de questions, et de cette voix qui allait à l'âme, il lui adresse ces douces paroles :

Parlez, mon enfant, parlez avec confiance à un vieillard qui vous porte l'intérêt d'un père. Vous avez des peines, dites-les nous; et si ce sont peines d'argent, ne savez-vous pas que ma bourse est ouverte à tous ceux qui souffrent?

Émue de tant de bonté, elle lui raconte alors sa douleur, la nécessité dans laquelle est son père de vendre quelques petites terres qu'il possédait en sa province, et dont le modique revenu était la seule ressource de son existence. — *Oh! il en mourra*, ajouta la pauvre enfant avec l'accent de la plus profonde amertume. — *Non, mon enfant*, reprend le saint vieillard, *non, il n'en mourra pas; le Seigneur ne délaisse pas ainsi les enfants qui, comme vous, aiment leurs parents avec tant de tendresse*. A ces mots, il la laisse avec ses pleurs et l'espérance qu'il vient de lui donner, et bénissant la Providence qui lui permettait de rendre au bonheur une famille respectable autant que malheureuse, il entre dans sa chambre de travail, prend en son secrétaire un billet de 500 francs, que ses mains charitables avaient mis en réserve pour les besoins des pauvres, et l'apporte en ajoutant avec un sourire d'indicible bonheur :

Prenez ce billet, mon enfant, et écrivez tout de suite à votre père, afin qu'il reprenne sa tranquillité : seulement ayez soin que chacun ignore quel est celui qui vous a remis cet argent.

Embarrassée et confuse, l'heureuse fille balbutie quelques mots de reconnaissance, et de remboursement de cette somme.

Je vous en prie, mon enfant, reprend avec empressement et bonté le saint pasteur, *ne me parlez jamais de me la rendre. Il n'en sera question que lorsque le Seigneur aura disposé de votre père.*

Cet amour pour son Dieu et cette affection paternelle qu'il portait à ses paroissiens, lui inspirèrent une pensée digne de son âme sainte : ce fut celle de s'adjoindre et de s'attacher, par les liens d'une charité à toute épreuve, un clergé capable de correspondre à son zèle. L'autorité ecclésiastique seconda ses pieuses intentions, et grâce à l'active coopération des prêtres qui lui furent envoyés, la paroisse de Sainte-Élisabeth ne tarda pas à faire d'immenses progrès vers le bien. Les offices étaient suivis avec une assiduité plus grande, les tribunaux de la réconciliation s'entouraient de plus nombreux pénitents, Jésus-Christ enfin recevait plus d'hommages.

Parmi ces prêtres dont le zèle seconda si parfaitement les désirs de M. Malbeste, je ne puis taire le nom de M. l'abbé Hubault Malmaison, chanoine de Paris, et que la paroisse de Saint-Louis-en-l'Ile possède aujourd'hui pour pasteur. Les services qu'il a rendus au diocèse, et le grand nombre de prêtres distingués qu'il a élevés à ses frais, me font un devoir de lui offrir ce tribut d'une juste gratitude.

Ces progrès si rapides consolaient le bon pasteur, et cependant il ne pouvait oublier que le Dieu, dont la charité pressait son âme, restait encore pour un grand nombre un Dieu inconnu, blasphémé, méprisé peut-être ! Son cœur en gémissait, et ses gémissements étaient déchirants comme sa douleur. Deux discours nous sont restés, ils prouveront son amour et sa foi.

L'un et l'autre sont, sur les outrages au Dieu de l'Eucharistie : c'est dans les deux une amende honorable qu'il prononçait triste, le cierge à la main, et dans les circonstances les plus solennelles. Le premier fut à l'occasion de la fête de la Réparation.

« Agneau de Dieu, qui avez porté sur « vous les péchés du monde, qui avez « souffert la mort pour le racheter, et « qui lui donnez en nourriture votre chair, « et votre sang en breuvage, vous êtes « digne de recevoir honneur, gloire et « bénédiction!

« Combien sont criminels, hélas! ceux « qui tirent de ce mystère de votre miséricorde et de votre amour, l'occasion « de vous outrager! De quelle peine ne « sont pas dignes ceux qui ne craignent « pas d'abuser ainsi de la victime de propitiation! Eh! quelle autre victime sera « donc offerte pour nos péchés, si nous les « commettons ainsi volontairement contre « la seule hostie capable de les effacer?

« Nous avouons, Seigneur, et nous « confessons devant vous nos propres ini-

« quités, et celles de tout ce peuple qui « vous entoure. Oui, mon Dieu, nous vous « avons offensé par nos communions peu « ferventes, par notre peu d'empresse- « ment à vous recevoir en cet auguste « mystère, par notre peu de respect en « vous rendant nos adorations : dirai-je « encore, notre manque de foi; notre tié- « deur, nos immodesties, nos irrévéren- « ces? Tous ces péchés s'élèvent contre « nous, ô mon Dieu, et leur voix accusa- « trice nous fait craindre les redoutables « traits de votre justice.

« O vous, notre divin maître, vous, « qui comprenez toute la grandeur et toute « l'énormité de nos fautes, donnez à notre « âme la douleur, donnez à nos yeux des « larmes assez abondantes pour les effa- « cer devant les yeux de votre père.

« Prosternés à vos pieds, nous voici « rougissant de nos péchés, gémissant des

« péchés de nos frères, et nous accusant « tous ensemble d'ingratitude envers vous. « O Sauveur! ne nous condamnez pas, « ne nous soyez point un objet de frayeur; « vous, qui êtes notre espérance, ne nous « traitez pas selon la rigueur de votre jus- « tice, mais bien plutôt selon l'étendue « de vos miséricordes.

« Oui, mon Dieu, nous voudrions ré- « parer tous nos crimes; mais incapables « par nous-mêmes de vous en offrir une « digne réparation, nous implorons seu- « lement votre miséricorde pour nous et « pour tous les coupables; nous voudrions « avoir toutes les lumières des anges et « des hommes pour vous mieux connaître « en ce divin mystère, toute l'ardeur des « Séraphins pour vous aimer davantage, « toutes les voix du monde pour vous « louer plus parfaitement, et afin que nos « adorations et nos douleurs vous soient

« plus agréables, souffrez que nous les « unissions à la douleur que vous avez « ressentie sur le Calvaire, en vous faisant « victime des péchés du monde?

« Nous vous rendons, Seigneur, et « pour tant de chrétiens indifférents qui « vous les refusent, et pour tant de profa- « nateurs qui vous outragent, l'honneur, « la louange et l'amour qui vous sont dus « dans ce sacrement de nos autels. »

Un autre jour était encore fixé par M. Malbeste, pour l'expression des mêmes sentiments de douleur de son âme, à la pensée des outrages que reçoit Jésus-Christ en son sacrement adorable, et je me garderai bien de laisser échapper cette nouvelle preuve de son tendre amour pour le Dieu de nos autels.

Ce jour était celui qui termine chacune de ces années qui, selon l'expression de saint François de Sales, *courent, à la file, imperceptiblement les unes après les autres, et en dévidant leur durée, dévident notre vie, et finissant, finissent aussi nos jours.* A cette époque surtout, il y a réflexion à faire et grâce à demander à Dieu, car un long temps s'est écoulé, et quel usage de ce temps?

Là encore, triste, la lumière à la main, les genoux en terre, le cœur rempli d'une sainte frayeur, M. Malbeste jetait dans l'âme de ses paroissiens ces lugubres et déchirants accents d'une douleur profonde :

« Nous terminons, ô mon Dieu, l'année « que votre bonté ineffable nous avait ac- « cordée pour travailler à notre salut, « multiplier nos bonnes œuvres, et obte- « nir de nouveaux titres à l'héritage que « vous nous avez acquis au prix de notre « sang. Mais, hélas! avons-nous répondu « selon vos désirs à vos divines miséricor-

« des? Avons-nous fait un saint usage des « grâces que vous avez daigné nous prodi- « guer? Avons-nous employé, suivant les « vues de votre sagesse, le temps que vous « avez mis à notre disposition pour vous « le consacrer?

« Seigneur, lorsque nous jetons les yeux « sur la conduite que nous avons tenue « durant ces jours qui viennent de dispa- « raître, j'oserai dire même durant tous « les jours que nous avons déjà passés sur « cette terre, quels reproches n'avons-nous « pas droit de nous adresser? Devant vous, « ô mon Dieu! nous avouons que nous « avons commis l'iniquité; humiliés en « votre présence, nous déplorons notre « tiédeur dans votre service, notre négli- « gence dans la prière, nos irrévérences « dans vos temples saints; prosternés à vos « pieds, nous gémissons profondément « des infidélités de notre conduite envers

« vous, de l'abus de vos grâces, du mépris « de vos saintes inspirations, peut-être « même de la profanation de vos sacre- « ments.

« Nous nous rappelons, Seigneur, avec « cette douleur qu'exigent leur multitude « et leur étendue, ces péchés que nous « vous confessons, nous repassons toutes « ces années dans l'amertume de notre « âme, et nous vous les exposons avec « cette sainte indignation contre nous- « mêmes, que conçoit et doit concevoir « tout homme qui pèche contre vous.

« Mais vous êtes un maître plein de clé- « mence, ô Seigneur, et vous ne voulez « pas la mort du pécheur; ce qui plaît à « votre cœur de père, c'est bien plutôt sa « conservation et sa vie.

« Oui, Seigneur, vous agréerez ces « sentiments d'âmes repentantes de leurs « crimes, leurs sincères résolutions de ré-

« parer tant d'infidélités passées, et leur « disposition de se consacrer entièrement « à votre service dans la suite des années « qu'elles tiendront de votre bonté.

« Oh! que ne pouvons-nous faire revi-« vre celles que vous nous avez confiées « et que nous avons données au monde! « elles devaient être, ô Dieu, des années de « vertu, et nous en avons fait des années « de plaisirs! Secondez donc aujourd'hui « par votre grâce le dessein où nous som-« mes de racheter les jours mauvais, et « d'employer désormais à vous aimer le « temps que vous nous donnez pour ac-« quérir les éternelles récompenses de l'a-« mour.

« Chacun de ces moments que vous « nous accordez est une semence d'im-« mortalité; faites donc, ô vous, qui êtes « notre Dieu et notre Père, faites qu'aidés « de votre grâce, nous multipliions nos

« bonnes œuvres, nous amassions de nou-
« veaux mérites, et ajoutant ainsi un éclat
« toujours nouveau à l'éclat de notre cou-
« ronne, nous arrivions à ces années sans
« fin qui devraient faire dès ici-bas notre
« occupation unique, comme elles feront
« notre unique bonheur au séjour de la
« gloire. »

Interprète des vœux du Sauveur, M. Malbeste allait en quelque sorte frappant à la porte du cœur de chacun de ses paroissiens le demandant pour son Dieu : donnez, vous qui êtes jeunes, donnez à Jésus-Christ votre cœur innocent, et il le gardera; donnez, vous qui êtes avancés dans la vie, donnez à Jésus-Christ votre cœur embarrassé des affaires du monde, et il le bénira; donnez, vous qui voyez déjà s'ouvrir à vos yeux les portes de l'éternité, donnez à Jésus-Christ votre cœur où s'éteignent insensiblement les derniers rayons d'une vie passagère, et il le couronnera de ses immortelles clartés dans la vie qui ne finit pas; tous enfin, écoutez la voix qui vous dit : *Mon fils, donnez-moi votre cœur;* et quand, dociles à la tendre invitation de leur pasteur, de nouveaux fidèles venaient se rendre à Jésus-Christ et participer às on divin banquet, son cœur tressaillait de joie, sa figure vénérable resplendissait de bonheur, on eût dit la lumière éclatante de Dieu sur la face de Moïse.

Monseigneur de Quélen, dont ce diocèse gardera longtemps le précieux souvenir, disait un jour ce mot touchant à un prêtre qui, par sa piété et son zèle, avait opéré le bien le plus grand dans une paroisse autrefois délaissée : *Un bon pasteur a passé par ici!* Appliquons ce mot à M. Malbeste; il résume son éloge.

Charité de M. Malbeste. — Son zèle pour l'enfance. — M. l'abbé Landrieu. — Discours à l'occasion de la première communion des enfants de sa paroisse. — Rénovation des vœux du Baptême. — Son amour pour les pauvres. — Établissement de la Confrérie de la Sainte-Vierge et du Mois de Marie. — Discours sur les vertus de Marie.

Au milieu de toutes ses sollicitudes pastorales, son cœur avait encore embrassé dans une particulière affection, les deux classes de sa paroisse les plus nombreuses et les plus aimées du Dieu, modèle des pasteurs : les enfants et les pauvres.

Il aimait l'âge de l'enfance, cet âge de l'innocence, et comme son maître adorable, il laissait venir à lui les petits enfants, il les bénissait, il leur adressait de douces exhortations à l'amour de l'enfant Dieu, et quand la position de fortune de leurs parents ne leur permettait pas de les placer, ou de faire pour eux les frais d'une éducation convenable, lui-même, il en prenait la charge : semblable au père le plus tendre, il les habillait, il payait leur apprentissage, il subvenait aux dépenses que nécessitait leur instruction dans les écoles : il semblait que sa fortune fût la fortune de toute sa paroisse. C'est ainsi que, pendant plusieurs années et au prix de sacrifices multipliés, il se chargea de payer la pension de six enfants pauvres, de familles honnêtes et d'heureuse espérance.

Les traits de sa charité sont infinis.

Une jeune fille, que des parents peu chrétiens avaient élevée dans l'oubli de

Dieu, avait atteint sa treizième année, et s'était mise sous sa protection paternelle pour faire sa première communion. Il la place dans une maison, dont la maîtresse s'engage, moyennant une somme convenue, à l'instruire de son état et à la préparer à cet acte de religion. Sur ce point, l'engagement ne s'exécute pas. Le bon pasteur, qui veillait sur sa brebis, la retire aussitôt de ces mains infidèles, et la place dans sa propre maison, où, pendant cinq mois, ce saint vieillard lui-même, aidé des personnes qui l'entourent, la prépare à sa première communion et la donne ainsi à son Dieu, pleine d'innocence et protégée par sa charité.

Une autre fois, se présente chez lui une femme pauvre, abandonnée de son mari joueur et débauché, et laissée dans la misère avec quatre enfants, jeunes encore. Le murmure, le découragement, le désespoir s'étaient emparés de son âme; une pensée funeste l'avait traversée, mais Dieu offre à son esprit la pensée consolante de son pasteur, elle la saisit avec reconnaissance; elle accourt, elle lui raconte son chagrin : *Prenez courage, mon enfant,* lui répond M. Malbeste, *Dieu ne délaisse jamais ceux qui se confient en lui.* Il voulut être sa providence et celle de ses enfants.

On dit qu'un jour un saint prêtre, fondateur d'une maison d'asile pour l'enfance, se trouvait sans ressources pour les besoins de la journée. Plein de confiance, il se rend, calme et tranquille, à la chapelle de la maison, approche de l'autel, et frappant doucement du doigt sur la porte du tabernacle, il ne dit que ce mot : *Seigneur, vos enfants ont faim.* Il se retire. Dieu l'avait entendu, et des secours imprévus font succéder la joie à l'inquiétude.

M. Malbeste a eu aussi son recours vers

Dieu : Seigneur, voilà quatre enfants dans la peine, ayez pitié de leur sort! La Providence multiplia les secours pour récompenser la charité de son ministre. Deux de ces innocentes créatures commencent leur état à ses frais, et les deux autres, jeunes filles modestes et vertueuses, furent confiées à la direction d'une dame respectable, à laquelle, chaque mois, est remis par ses mains charitables le prix des talents qui doivent assurer leur existence et leur bonheur.

Un amour aussi tendre pour les enfants demandait nécessairement toute son attention sur l'éducation religieuse, qui est, pour eux, d'une importance si grande. On peut dire, en quelque sorte, que là est tout leur avenir. A cet âge les impressions sont si vives! Il voulait qu'on leur fît aimer la religion; en même temps qu'il fallait révéler à leurs jeunes intelligences un Dieu puissant et majestueusement enveloppé de mystères, il voulait qu'on ouvrît leurs âmes aux consolations salutaires de la pensée des miséricordes divines : son désir fut rempli.

Les prêtres qu'il s'était associés comprenaient, comme lui, tout le prix de cette première éducation, et ils déployèrent un zèle louable, dans des catéchismes pleins d'intérêt et d'utilité. Je veux encore citer, parmi ces prêtres, le nom d'un homme qui a laissé, dans le clergé de Paris, d'édifiants et honorables souvenirs; M. l'abbé Landrieu se faisait remarquer par l'onction de sa parole, et par un talent facile autant que solide. Tour à tour vicaire à Sainte-Élisabeth, aumônier des dames de la Légion-d'Honneur, rue Barbette, curé de Sainte-Valère, on peut dire, avec vérité, de lui, qu'il a passé sur la terre en faisant le bien.

Pour un pasteur qui ne respire que l'avancement de ses paroissiens dans la pratique de l'amour de Dieu, il est de ces émotions suaves qui consolent avec abondance des peines les plus grandes; telles sont celles que donnent la conversion des pécheurs et l'accroissement de la piété dans les âmes; telle est surtout celle que procure le jour d'une première communion.

M. Malbeste en faisait, chaque année, la douce expérience, et alors il épanchait avec effusion les sentiments de son âme.

Un jour de cette solennité imposante et pleine de charme, il allait, pour la première fois, donner à ses enfants réunis au pied des autels le Dieu en qui réside, la plénitude de la charité, lorsqu'au milieu d'un silence profond, et d'une voix que rendait plus douce encore le sentiment d'amour qui pressait son cœur paternel, il prononça ces paroles si capables de les toucher :

« *Dites à la fille de Sion, voici votre roi*
« *qui vient à vous plein de mansuétude.*
« Ces paroles du Prophète appliquées par
« l'Église à l'entrée triomphante de Jésus-
« Christ dans Jérusalem, nous les appli-
« querons, mes enfants, à la venue du
« Sauveur en vous; nous vous dirons donc :
« Enfants, voici votre Roi, votre Dieu qui
« vient à vous plein de bonté, de dou-
« ceur et d'amour; et sans doute, ainsi
« que ces peuples qui se livraient à des
« transports de joie, et faisaient retentir
« l'air de leurs cris de gloire afin de cé-
« lébrer la venue du Messie, vous, bien
« plus heureux que ces peuples, vous vous
« livrerez à la plus sainte allégresse, puis-
« qu'enfin est arrivé ce jour tant désiré,
« où pour la première fois votre Dieu va
« se donner à vous.

« Écriez-vous donc avec les Juifs : *Ho-*
« *sanna au fils de David!* ou plutôt écriez-

« vous avec l'heureuse mère de Jean-Bap-
« tiste : *Eh! d'où me vient ce bonheur,*
« *que mon Seigneur daigne venir à moi?*
« Qui suis-je pour obtenir une aussi pré-
« cieuse faveur, moi qui n'ai jamais su
« que vous offenser, ô mon Dieu?

« Jésus, je voudrais vous exprimer ce
« que j'éprouve en ce moment, car il me
« semble que du fond de ce tabernacle
« où, vous accommodant à ma faiblesse,
« vous tempérez l'éclat de votre majesté
« sous l'humilité des voiles eucharisti-
« ques; oui, il me semble que vous me
« demandez si je vous aime, et moi je
« vous dirai comme votre apôtre : O vous,
« qui lisez au plus intime de nos âmes,
« ne voyez-vous pas que je vous aime? O
« amour de mon Dieu, ne me faites pas
« languir!

« A la vue des effrayantes merveilles du
« Sinaï, les Israélites, remplis de crainte,

« avaient crié à Moïse : Parlez à Dieu « vous-même, car si Dieu nous parle, nous « mourrons ; mais aujourd'hui, plus de « terreur, et nous vous disons : O Sau- « veur, venez et parlez, parce que vos « enfants vous écoutent.

« O divin Jésus ! je viens d'être l'inter- « prète des sentiments qu'éprouvent ces « jeunes cœurs, en qui vous allez venir « pour la première fois. Maintenant, à « moi de vous parler en père ; ô vous, « qui, dans les jours de votre vie mortelle, « vouliez qu'on laissât approcher les en- « fants de votre personne adorable ; vous, « qui les preniez avec bonté dans vos bras, « qui les pressiez avec tendresse sur votre « cœur ; ah ! recevez ceux que nous vous « présentons aujourd'hui, et que nous « avons disposés pour être admis à votre « festin sacré. Revêtez-les de la robe nup- « tiale ; parez-les des attraits de l'inno-

« cence ; ce sont de jeunes plantes que « nous avons cultivées pour féconder le « champ de l'Église ; vous les arroserez « de votre sang, vous les engraisserez de « votre chair divine, elles croîtront ainsi « sous vos yeux, et elles produiront des « fruits de salut.

« Puissent ces enfants se rendre dignes « de tant de bienfaits, et mériter un jour « le bonheur qui ne finit pas, et dont vo- « tre sacrement est le gage ! »

Il est, dans l'Église, un de ces usages que la piété a fait naître et qui jamais ne s'observe sans imprimer dans l'âme une douce émotion de plaisir ou la triste pensée d'un bonheur détruit : c'est la rénovation des vœux du baptême faite à la chapelle des Fonts. Là, est l'ange du Seigneur, et c'est l'ange du souvenir, avec la joie pour les uns et pour les autres la douleur ; parce que là Dieu nous reçut enfants et nous couronna de sa grâce ; là, l'Eglise nous revêtit du vêtement d'innocence, et nous donna le droit de participer à tous ses biens ; là, marqués au front du signe de la croix, nous avons pris Jésus-Christ pour chef, et le nom de chrétiens nous a engagés à sa suite.

Elle est donc bien touchante la pensée qui a inspiré de réunir ainsi ces enfants en un jour de parfaite innocence, pour renouveler les promesses faites en leur nom, à ce moment suprême où l'eau régénératrice coula sur eux.

M. Malbeste savait profiter avec art de ces heureuses circonstances, et toujours de sa bouche sortaient les paroles les plus pieuses et les plus paternelles.

« Oh ! qu'il est bien juste que nous « vous aimions, ô mon Dieu ! ô mon père ! « puisque vous nous avez tant aimés le « premier ; car après être morts au péché,

« comment y vivre encore? Faites donc, « ô Dieu, que jamais nous ne soyons ca« pables d'oublier qu'en recevant le bap« tême du Sauveur, nous nous sommes « dépouillés du vieil homme qui se cor« rompt en nous, de jour en jour, et « qu'ainsi dépouillés, nous avons été re« vêtus de l'homme nouveau, qui est *Jé-« sus-Christ* même. Pourquoi donc aime« rions-nous encore le monde et tout ce « qui est du monde : pensées coupables, « désirs coupables, et coupables plaisirs? « Ne sommes-nous pas le bien propre de « de Dieu!

« Enfants chrétiens, promettez donc à « Jésus-Christ de suivre sa doctrine, de « garder ses commandements, de pra« tiquer ses vertus, et en remplissant ainsi « tous vos devoirs, de persévérer, aidés « de sa grâce, dans tout ce qui touche à « la piété chrétienne. Vous le ferez, je

« l'espère, et vous en garderez le précieux « souvenir; car s'il venait à s'effacer de « votre esprit, que tout ce lieu déposerait « cruellement contre vous! ce saint chrê- « me qui vous donna la consécration d'en- « fants de Dieu et que vous aurez pro- « fané; ce cierge à votre main, image de « la foi qui a brillé dans vous, et que vous « aurez laissé s'éteindre; ce vêtement « blanc, dont on vous couvrit comme « symbole de votre innocence, et que vous « aurez indignement souillé; ces fonts « baptismaux, ces autels, ces prêtres, ces « pierres même, tout aurait voix contre « vous, tout crierait condamnation!

« Mais éloignons ces tristes pensées de « notre esprit; il vaut mieux espérer que « vous persévérerez en vos résolutions, « que vous garderez la grâce de votre « baptême, et qu'à l'exemple de l'enfant « Dieu, vous croîtrez en sagesse et en vertu

« en présence de Dieu, comme en pré-
« sence des hommes, jusqu'à ce que dans
« le ciel vos fronts rayonnent de l'immor-
« talité que vous mériteront cette sagesse
« et ces vertus. »

Image de Dieu dans l'amour qu'il portait aux enfants que, durant sa vie mortelle, Jésus-Christ aima si tendrement, M. Malbeste devait aussi, et comme naturellement, s'attacher en père à ces êtres délaissés dans le monde, sans honneur, sans ressource, sans consolation. Les pauvres étaient pour lui Jésus-Chrit même, et il serait difficile de dire tout ce qu'il y avait en son cœur d'affection et de bienveillance pour eux.

Cependant il y a de ces faits qui peignent tout le caractère d'un homme, et dans les traits que j'ai à citer, au sujet de sa charité pour ces membres souffrants de l'Homme-Dieu, il faut y reconnaître le caractère d'une âme si noble, le cachet d'une vertu si parfaite, que je ne puis en vérité les passer sous silence. Il n'est pas d'ailleurs de plus infaillible moyen de faire apprécier justement celui dont on écrit la vie, que de le représenter dans ses actes ou dans ses propres paroles.

C'était à l'un de ces jours où, fidèle à la sainte coutume qu'il avait établie, et que ses successeurs, héritiers de sa bienfaisance, ont toujours continuée depuis lui, ce père de tous les infortunés distribuait à chacun des pauvres de sa paroisse le pain qui les nourrissait. Pendant qu'il leur adressait de touchantes paroles, et que sa main charitable leur donnait son aumône, on lui annonce que des personnes de la plus haute distinction se trouvent dans ses appartements et désirent lui parler.

Un de ces hommes du monde qui ne

connaissent de grandeur véritable que celle de la naissance , de la fortune ou de la réputation, eût volé sans retard où l'appelaient ces grands de la terre. Un pauvre! il est si peu de chose dans l'ordre des pensées humaines! Pour comprendre sa grandeur, il faut pénétrer dans la pensée de Dieu , et cette pensée est cachée au monde; c'est que le pauvre est un autre Jésus-Christ.

Plein de cette grandeur de la foi, auprès de laquelle disparaissent toutes les grandeurs des hommes, M. Malbeste répondit par ce mot si digne de sa foi et de sa charité: — *Priez ces personnes de m'attendre, car mes pauvres ont faim, et eux ils ne peuvent attendre.* Et tous ces pauvres s'en allaient, et se disaient avec attendrissement les uns aux autres : *L'avez-vous entendu? Oh! voilà ce qui s'appelle être père des malheureux!*

C'était bien le nommer, puisqu'il avait pour eux tous les sentiments d'un bon père pour ses enfants, comme eux ils l'aimaient en enfants qui chérissent un père !

On se souvient de ce trait d'admirable confiance de cette femme malade qui vint un jour à Jésus-Christ, se disant en elle-même : *si je touche seulement le bord de son vêtement je serai guérie.* Cette confiance de l'hémorroïsse attachait, en quelque sorte, aux pas de celui qui se faiait gloire d'être l'image du Sauveur dans son amour pour le malheur, tous les pauvres de sa paroisse ; ils lui pressaient les mains, ils touchaient sa soutane, ils l'accompagnaient de leurs bénédictions, ils lui demandaient le pain promis de Dieu pour chaque jour, et la main de leur providence terrestre s'ouvrait toujours pour le l eur acccorder

En vérité, vous donnez trop aux pau-

vres, lui dit une fois une personne amie, *bientôt vous verrez qu'à peine il vous estera de quoi vivre vous-même;* et de cet air gracieux qui charmait tant en lui, il répondit à ce reproche qui faisait toutefois son plus bel éloge: *Ne craignez jamais pour moi, car Dieu pourrait-il me manquer? d'ailleurs un prêtre en a toujours assez pour ses propres besoins.*

Que j'aime à contempler cet ange de Dieu, M. Malbeste, allant lui-même porter aux pauvres l'aumône qui doit les soutenir dans leur misère, entrant en leur humble demeure, exhortant les parents, bénissant les enfants, prenant intérêt aux peines des uns, souriant de plaisir au langage innocent, comme aux jeux des autres! Que j'aime à le voir rentrer dans son presbytère, fatigué de ses visites, raconter le bonheur qu'il a éprouvé, dire la reconnaissance des malheureux auxquels il est allé offrir des consolations, et disposer pour chaque jour de nouveaux bienfaits, de nouvelles fatigues et de nouvelles grâces.

Pendant plus de dix années, j'ai reçu de lui des secours qui m'ont aidée dans ma misère, me disait un jour une femme indigente, en me parlant de M. Malbeste, *et jamais il ne m'a donné son aumône sans un mot bienveillant sur ma santé, et sans m'exhorter à souffrir pour le bon Dieu.*

Mais puisque je passe en ce moment en revue chacun des titres de M. Malbeste à l'édification publique, dois-je oublier cet amour si tendre qui remplissait son cœur pour celle que l'Eglise appelle avec tant de vérité *la mère des pauvres*, et que lui-même, dès son enfance, il appelait simplement *sa mère?*

On se souvient de sa confiance filiale et constante en Marie, au milieu des épreuves cruelles dans lesquelles se passèrent les jeunes années de son sacerdoce.

C'était déjà pour lui un immense bonheur, que de voir prospérer dans sa paroisse la dévotion par excellence du saint Sacrement de l'autel; cependant il lui manquait encore une satisfaction pour compléter sa joie. Marie le pressait aussi de son amour, et il voulait que son nom sacré se joignît à l'adorable nom de son fils dans les hommages de ses paroissiens, comme ils étaient unis dans les sentiments de son âme reconnaissante. Il conçut donc la pensée de laisser à sa paroisse un signe permanent de son dévouement à la Mère de son Dieu, en formant une assemblée d'âmes fidèles et tout particulièrement consacrées au service de Marie. Pour leurs obligations, elles s'engageraient à l'imitation des vertus de celle qui devenait ainsi leur protectrice spéciale; pour leur gloire, elles se revêtiraient publiquemeut de sa livrée.

Cette pensée une fois conçue devant Dieu, M. Malbeste la mit à exécution, et, l'année 1818, se fonda, sous sa direction, la Confrérie de la Sainte-Vierge, association de jeunes personnes vertueuses, qui, sous l'étendard de Marie, s'est agrandie jusqu'à ce jour, toujours nombreuse, toujours édifiante, et aujourd'hui dirigée par la sage administration d'un prêtre que notre bon curé connut enfant, qu'il vit croître sous ses yeux dans la pratique des vertus chrétiennes, et qu'il aima jusqu'à son dernier instant.

Ce premier pas de l'institution de la Confrérie de la Sainte-Vierge en amena bientôt un autre qui en était la conséquence : le mois de Marie. Il était si doux pour son cœur de pouvoir, au moins en partie, réaliser le vœu qu'il avait formé autrefois, d'étendre de tout son pouvoir le culte de la Vierge, mère de Jésus.

Le même sentiment qui inspira aux serviteurs de Marie la pensée de l'honorer chaque jour par quelque pratique particulière, chaque semaine par un jour dédié à son culte, chaque mois par la célébration de quelqu'un de ses mystères, les porta aussi, dans ces derniers temps, à lui consacrer chaque année un mois tout entier, et ils choisirent, pour cet effet, le mois du réveil de la nature, le mois des fleurs, le mois de mai. Ce mois, d'ailleurs, n'était marqué par aucune fête particulière en l'honneur de Marie.

Cette dévotion prit naissance à Rome dans le cours du siècle dernier, et bientôt elle se répandit dans l'Italie entière : à son exemple, la France l'adopta ; mais les jours mauvais qui s'étaient levés sur elle, ne lui permirent pas de lui donner de grands développements. Ce fut avec le calme que reparut la dévotion du mois de celle que l'Église a saluée avec tant de charme du nom de Mère de la paix.

Le succès le plus merveilleux couronna la piété des fidèles, et, pour témoigner à toute la catholicité le bonheur qu'ils éprouvaient de ces heureux fruits, autant que leur désir de contribuer de tout leur pouvoir à l'accroissement de la gloire de Marie, les souverains pontifes ouvrirent pour cette Œuvre les trésors spirituels de l'Église, et l'enrichirent de différentes indulgences.

Serviteur dévoué de Marie, M. Malbeste ne pouvait rester indifférent à cet élan presque universel, et sa paroisse s'ouvrit aux pieuses pratiques de cette dévotion.

Un jour que ce mois touchait à la fin, il voulut en terminer lui-même les touchants exercices. Marie! ce fut là tout son texte et tout son entretien ; Marie, modèle parfait offert par Dieu à notre imitation.

Il ne pouvait ainsi mieux entrer dans l'esprit de la religion ; consistant à imiter ce que nous faisons l'objet de notre vénération, et dans l'esprit de la fête du jour, qu'en montrant, dans Marie et les saints, des voix qui nous appellent à marcher sur leurs traces.

Écoutons-le parler :

« Qu'ils devaient être transportés d'ad-
« miration ces heureux Juifs qui eurent le
« bonheur d'entendre celui qui est la sa-
« gesse de Dieu même, et d'être les té-
« moins de ses merveilles ! Il ne faut donc
« pas s'étonner du ravissement de cette
« femme d'Israël qui s'exhale par ce cri si
« naturel au cœur d'une mère, car elle
« devait l'être : *Que bienheureuses sont les*
« *entrailles qui vous ont porté ! que bien-*
« *heureux est le sein qui vous a allaité !* Oh!

« oui, sans doute elle était heureuse cette « divine mère du Sauveur, d'avoir ainsi « porté celui qui venait racheter le monde; « mais bien plus heureuse, dit saint Au- « gustin, s'appuyant sur la réponse de « Jésus-Christ, bien plus heureuse de l'a- « voir porté dans son cœur! heureuse de « lui avoir donné le lait de ses chastes ma- « melles; oui, mais bien plus encore d'a- « voir accompli la volonté du Père céleste! « heureuse d'avoir été choisie parmi les « créatures pour être celle en qui devait « naître le Messie; oui, encore, mais enfin « bien plus heureuse d'avoir justifié ce choix « du Seigneur par sa fidélité et ses vertus!

« De ces paroles de Jésus-Christ et d'un « Père de l'Église, que faut-il conclure, « sinon la stricte obligation où nous som- « mes de retracer en nous les vertus dont « elle est, après Jésus, le plus parfait mo- « dèle.

« Il lui avait été donné de comprendre « que le don céleste de la chasteté est l'i- « mage la plus parfaite de la sainteté de « Dieu, et l'holocauste le plus agréable « qu'une créature puisse offrir au Sei- « gneur. Elle fit donc à Dieu l'offrande « volontaire de son corps et de son esprit, « et quoique revêtue d'une grâce toute « spéciale, quelles précautions ne la vit- « on pas prendre pour la conservation de « son précieux trésor! Quel soin à s'éloi- « gner des dangers du monde! Jamais « Marie n'entra dans le commerce du « siècle; jamais elle ne chercha les com- « pagnies amies des joies bruyantes; ja- « mais elle ne trouva de charmes dans les « divertissements et les plaisirs; un ange « lui-même trouble sa belle âme : c'est « que son commerce unique était avec « Dieu, et ses seuls entretiens étaient au « ciel.

« Et cette charité allume en son âme un « amour si grand pour son Dieu, qu'elle « s'offre à lui sans réserve, ne retranchant « rien de son sacrifice, ne retenant rien de « son holocauste; elle rompt tous les liens « qui pouvaient l'attacher au monde, elle « *oublie son peuple et la maison de son père,* « et Dieu devient son unique partage, l'u- « nique centre de ses affections. Heureuse « Vierge, dont les yeux ne se lèveront « plus que pour contempler son éternelle « beauté, dont les mains n'auront plus de « mouvements que pour des actions qui lui « soient agréables, dont la bouche ne s'ou- « vrira plus que pour le louer et le bénir, « dont l'âme, en un mot, n'aspirera plus « qu'à l'aimer!

« Dieu est sur son cœur comme un sceau « précieux; il en garde les avenues, et rien « n'en sort qui ne parle de ses grandeurs, « qui ne glorifie son saint nom, qui ne cé-

« lèbre ses infinies miséricordes. Le pro-
« phète disait autrefois que la méditation
« était la flamme à laquelle s'allumait le
« feu de son amour, et Marie a puisé et
« puise dans la prière la charité qui la
« dévore.

« Oh! qui pourrait dire les saintes ar-
« deurs dont elle est embrasée, les douces
« effusions de sa tendresse en présence de
« son Dieu? Qui pourrait exprimer cet es-
« prit d'intelligence qui pénètre en elle et
« lui découvre, dans la prière, les éternelles
« vérités; cet esprit de recueillement et
« d'attention qui la dégage de toute vue
« trop humaine et efface en son souvenir
« toute pensée de la terre; cet esprit de
« contemplation qui occupe toutes les puis-
« sances intérieures de son âme, et la livre
« tout entière aux saintes méditations de
« la bonté de son Dieu?

« Élevons donc vers elle et nos vœux et

« nos cœurs; que n'avons-nous pas en effet « à espérer de sa protection puissante, et « de sa bienfaisante intercession? Si Marie « n'exerce pas un pouvoir égal à celui de « Dieu, elle est du moins une avocate zélée « qui appuiera nos sollicitations; si elle « n'est pas l'arbitre suprême des grâces, « elle est une médiatrice puissante qui les « demandera pour nous; si elle n'exauce « pas nos vœux par elle-même, elle est une « mère tendre qui les portera au pied du « trône de son Fils; et que pourrait-il re-« fuser à celle qu'il a comblée de ses dons « et qu'il a couronnée de sa gloire?

« Vierge sainte, jetez sur nous un œil « de bonté; que par vous se répandent en « nos âmes ces grâces dont vous êtes le ca-« nal, et que par votre divine entremise « encore, les pécheurs se convertissent; « que les justes se maintiennent en la cha-« rité; que tous enfin nous jouissions avec

« vous de la gloire, prix éternel de la « vertu. »

Ces élans de piété, ces effusions de son amour étaient comme autant de traits qui allaient jusqu'au trône de Dieu, et de ce divin sanctuaire se répandaient sur la famille du bon pasteur les bénédictions les plus abondantes et les plus sensibles ; chaque année s'accroissait à un tel point le nombre des fidèles, que l'église, qui ne possédait alors qu'une nef et qu'un seul collatéral à droite, ne pouvait plus suffire à leur affluence.

Dieu lui vint en aide : il le récompensa amplement de ses œuvres.

Agrandissement de l'église Sainte-Élisabeth. — M. Bellard. — M. Malbeste assiste aux derniers moments de ce magistrat. — Maladie de M. Malbeste. — Joie de sa convalescence. — Reconnaissance d'un de ses pauvres. — M. Malbeste songe à donner sa démission. — Il l'annonce à son clergé. — Ses lettres à Mgr de Quélen. — Sa démission acceptée. — Sa retraite. — Sa visite à l'Institution des Sourds-Muets.

M. Malbeste avait sollicité de M. le comte de Chabrol, alors préfet de la Seine, l'agrandissement de son église. L'intervention de M. Bellard, procureur-général du département, et président de la fabrique de Sainte-Élisabeth, lui fut pour cet effet d'un puissant secours, et les travaux commencèrent dès l'année 1823.

On abattit le grand mur contre lequel était adossé l'autel, et qui s'élevait à l'endroit où se trouve aujourd'hui la grille du chœur ; là commença le chœur actuel. Un second collatéral du côté gauche symétrisa avec l'ancien, et tous les deux se joignirent derrière l'ancien chœur, qui fut percé d'arcades. Une chapelle de la sainte Vierge prolongea l'église, et laissa isolé le maître-autel. Quant au chœur des dames religieuses, il devint la chapelle de Sainte-Élisabeth.

M. Bellard, qui avait concouru avec tant de zèle à cet agrandissement de sa paroisse, n'eut pas la consolation de jouir du succès de ses constants efforts ; il mourut le 6 juillet 1826.

Cet illustre magistrat était né à Paris en 1761, d'une famille d'honorables artisans. Avocat, il se distingua dans plusieurs causes célèbres [1]. La révolution le trouva

[1] Voir la note n° 4.

fidèle à son devoir et à ses principes. Après ces temps d'orage, M. Bellard reparut avec le plus grand éclat au barreau, et son nom s'attacha à toutes les affaires importantes de ce temps. Louis XVIII lui donna des lettres de noblesse [1], et l'adjoignit aux membres de l'ordre de la légion d'honneur. A peine arrivé à sa soixante-sixième année, il tomba malade, et, se sentant mourir, il s'empressa d'appeler M. Malbeste, son vénérable curé. Déjà plusieurs fois il avait eu avec lui différentes conversations religieuses, et à ses derniers moments, il désira recevoir les sacrements. Sa famille était rassemblée près de son lit; à sa famille s'étaient joints ses domestiques et jusqu'à ses portiers. M. Malbeste entre; un recueillement profond est dans l'assemblée; en présence du Dieu qui va lui pardonner, et dont la miséricorde lui

[1] Voir la note n° 5.

prépare un adoucissement au dernier trajet de la vie à l'éternité, M. Bellard s'adresse au ministre du Seigneur, à ses sœurs, à tous ceux qui l'entourent, demandant que, pour l'exemple, une grande publicité fût donnée aux sentiments dans lesquels il voulait mourir :

« Mon père, au moment où je vais rece-
« voir le corps de Jésus-Christ mon Sau-
« veur, je me dois de déclarer que j'ai tou-
« jours été convaincu de la vérité de la
« religion chrétienne. — Je suis né chré-
« tien, j'ai vécu et je veux mourir dans la
« religion catholique, apostolique et ro-
« maine. — J'ai commis une grande faute ;
« je n'ai pas eu le courage d'en remplir
« toujours les devoirs. Qu'on ne croie pas
« que ce soit éloignement ou lâche déser-
« tion de ma part, si, dans la pratique,
« je n'ai pas mis la suite qu'exigeaient les
« principes que j'ai constamment profes-

« sés. C'est l'âge des passions, c'est l'en-
« traînement des affaires.

« J'aurais dû donner, je le sens, un meil-
« leur exemple : je le devais comme chré-
« tien pour moi-même, comme chef de
« famille pour les miens, comme maître
« pour mes domestiques.

« A l'avenir, je promets de remplir avec
« exactitude tous mes devoirs de chrétien.
« — Je demande pardon à mes bonnes
« sœurs des petits chagrins et des contra-
« riétés que j'ai pu leur donner. Qu'elles
« soient bien convaincues que mon cœur
« y était étranger. »

Cette perte fut d'autant plus sensible pour le vénérable curé de Sainte-Élisabeth, qu'en le séparant d'un ami elle le privait aussi d'un soutien puissant pour sa paroisse.

Cependant Dieu protégeait son ministre, et sous cette protection, Sainte-Élisabeth ne tarda pas à devenir une des plus intéressantes paroisses de Paris.

Me permettra-t-on ici, en ma qualité de prêtre du clergé de cette église, et à raison de mon titre d'enfant du meilleur des pasteurs, de donner à M. Malbeste cet éloge que seul peut-être il a droit de recevoir : c'est qu'il eut le talent et le bonheur de n'obtenir jamais de l'autorité archiépiscopale que de jeunes prêtres qui, sortant du séminaire et pleins encore de la ferveur de leur noviciat ecclésiastique, se façonnaient facilement à toutes les habitudes, comme au caractère de la paroisse.

Guidés en effet par les lumières de son expérience, autant qu'animés par la puissance de sa sainte vie, ils entraient aussitôt avec joie dans cet esprit de famille, qu'en bon père il avait pris à tâche d'établir invariablement dans son clergé. Dans tous, un seul cœur, une seule âme, un seul désir pour le salut de leurs paroissiens : c'est que dans tous il y avait amour et reconnaissance pour leur pasteur.

Il y a peut-être en moi un certain orgueil à rappeler ces souvenirs, mais ils sont glorieux pour la mémoire de M. Malbeste, je ne puis donc me taire ; du reste, la gratitude est là qui me presse encore de dire toute sa bonté pour ses prêtres, tout son zèle à leur être utile.

Dans leurs peines, ami plein de tendresse, il les consolait ; dans leurs besoins, père plein de sollicitude, il les soulageait ; dans l'exercice de leur ministère, confrère plein de charité, il se plaisait à les aider, toujours prenant pour lui l'œuvre la plus laborieuse et la plus difficile, toujours disposé à se fatiguer lui-même pour leur épargner de trop grandes fatigues.

Il avait appris à l'école du grand apôtre, que celui qui est placé à la tête de ses frères, doit se regarder comme l'un d'eux, loin de les traiter en maître! C'est pourquoi, de ses prêtres il en faisait ses amis, ses conseillers, ses confidents les plus intimes. Pour eux, le commandement le plus doux; pour eux, les paroles les plus flatteuses; pour eux, les prévenances les plus délicates.

On a dit que ce sont les circonstances qui font les hommes; j'ajoute que ce sont les circonstances qui montrent les vrais amis, et M. Malbeste en vit naître une qui dut le consoler de son mal, par les preuves de bienveillance qu'il reçut à cette occasion de toute sa paroisse.

Le 30 juin 1830, à l'installation de M. le curé de Montmartre, il eut une attaque de paralysie. Chacun trembla pour une vie si précieuse! Ses prêtres pleuraient, les pauvres pleuraient, les riches pleuraient, et tous, prosternés devant Dieu, ils lui demandaient leur père, leur providence, leur ami. *Frappez, et il vous sera ouvert*, a dit le Sauveur. Eh bien, on frappa au cœur de Dieu, et Dieu ouvrit son cœur; il en sortit la consolation qui passa bientôt dans toutes les âmes; le mal céda à tant d'instantes prières, et le bon pasteur put jouir à son aise de la consolation de voir toute l'étendue de l'affection qu'il avait inspirée. De toutes parts arrivèrent des félicitations sur son rétablissement, des vœux pour la continuation de sa santé; il semblait que chacun fût frappé dans lui, et que dans lui aussi chacun renfermât sa joie.

Quelques mois après la cruelle maladie qui faillit l'enlever à l'amour de sa paroisse, M. Malbeste éprouva de la manière la plus sensible la reconnaissance d'un de ses pauvres, et ce trait de gratitude fut pour son cœur un douce consolation.

On était en février 1831; quelques

hommes, aveuglés par la passion, avaient osé porter leurs sacriléges mains sur la croix de Jésus-Christ afin de la briser, et alors on put craindre un moment que la religion ne souffrît de cette irritation des esprits. Les églises furent fermées, les vases sacrés furent cachés à tous les yeux; enfin, chaque famille trembla pour la vie de ceux de ses membres que Dieu avait appelés à son service.

En ce moment d'effroi, un homme se présente au presbytère de Sainte-Élisabeth. — *Où est M. Malbeste?* s'écrie-t-il avec agitation. On hésite à lui répondre. L'ouvrier devine la cause de cette hésitation, et d'un ton propre à inspirer la confiance, il ajoute : « *Oh! soyez tranquilles;*
« *M. Malbeste m'a nourri, moi, ma femme*
« *et mes cinq enfants pendant que j'étais*
« *pauvre, et maintenant que je travaille,*
« *j'ai ma maison et je viens le chercher*

« *pour le cacher chez moi. Qui pensera à* « *lui dans la demeure d'un ouvrier?* »

Ce sentiment de si généreuse reconnaissance, aussi bien que ce souvenir précieux de jours écoulés depuis longtemps, émurent jusqu'aux larmes le bon et saint vieillard. Cependant il ne quitta pas son presbytère; bientôt le calme succéda à l'orage; le danger disparut.

Autre trait de reconnaissance : il termine ce tableau des vertus du bon pasteur.

Une de ces femmes âgées et infirmes, dont sa charité soutenait la pénible existence, se présente un jour à l'église, implorant la bienfaisance du pasteur. À sa main est un livre de prières, et elle semble fière de le posséder. Elle avait raison; en le montrant à ceux qui l'entourent, elle dévoile le secret de toute son affection pour ce livre, c'est qu'elle l'a reçu des mains de M. Malbeste : *et il ne s'est pas contenté de me le donner,* continue-t-elle comme heureuse de se rappeler un semblable souvenir, « *mais il a voulu lui-même* « *le chercher chez les libraires et l'acheter* « *pour moi, parce que ma vue baissait.* »

Cependant, l'âge et les infirmités s'appesantissaient de tout leur poids sur la tête de M. Malbeste, et, quoi que pût faire la tendresse de ses prêtres et de ses amis, le temps marchait, toujours augmentant ses douleurs, en diminuant les jours de sa précieuse existence, toujours mettant au cœur de ses enfants une plus grande affection et des soins plus empressés. Son heureuse vieillesse se couronnait ainsi de l'amour et de la vénération de sa paroisse; elle eût même été couronnée de joie, sans une de ces pensées graves que sa foi fit naître et qui devint son tourment de chaque jour : c'est que toujours présent par l'affection au milieu de ses enfants, il était presque continuellement forcé par la maladie de se priver en réalité du bonheur de les voir, *malheureux alors*, disait-il, *de ne pouvoir plus offrir pour eux le sacrifice de la victime sainte.*

Cette idée l'occupait le jour, l'occupait encore la nuit, et dans cette préoccupation constante de son esprit, il crut entrevoir l'expression de la volonté de Dieu; un scrupule s'empara alors de son âme délicate, et un jour, après de mûres réflexions, il appela chez lui les trois prêtres les plus anciens de son clergé.

Par un rapprochement qui semblait présager quelque nouvelle épreuve, , tous les trois portaient les noms de Pierre, Jacques et Jean. C'étaient les noms des Apôtres que Jésus-Christ prit avec lui, lorque se retirant au jardin des Oliviers il les rendit seuls témoins de sa douleur.

Le cœur du vénérable pasteur de Sainte-

Elisabeth était alors semblable au cœur de son Maître : triste jusqu'à la mort. Le calice était sous ses yeux, et avant que Dieu le répandît entièrement sur lui, le saint vieillard avait voulu donner à ses disciples le spectacle de sa douleur et de son sacrifice. *Demeurez ici, et veillez.* Ces mots de Jésus-Christ recevaient à leur égard leur entière et parfaite application : eux, ils resteront près de ses chers fidèles, ils les dirigeront dans la voie qu'il leur a montrée, ils veilleront enfin sur le troupeau qui fut, pendant tant d'années, l'objet de sa paternelle sollicitude; pour lui, il se retirera, les bénissant et priant Dieu pour sa chère paroisse.

Cette résolution du pasteur vénéré fut accueillie avec étonnement et affliction. Elle avait droit de les surprendre; sans doute ils connaissaient cette âme noble, habituée, depuis longues années, à ne reculer devant aucun sacrifice; mais ils n'avaient pu penser que ses infirmités fussent de nature à les priver de l'autorité de ses exemples et de l'utilité de ses conseils. Dieu devait leur faire comprendre toute l'étendue de la force d'abnégation que la foi inspire à ceux dont elle est la vie.

Les sollicitations des ses prêtres pour le détourner de son projet de retraite, leurs promesses de le remplacer dans les œuvres de son ministère, tout fut inutile; son parti était pris devant Dieu, et devant Dieu il n'a calculé ni l'abandon d'une position humainement heureuse, ni le sacrifice des satisfactions les plus légitimes, ni les privations que lui imposera la démission qu'il sollicite; il a sondé sa conscience, et il a résoulu à tout prix d'obéir au devoir qu'elle lui trace.

Il écrivit donc à Monseigneur l'Archevêque; le saint pontife connaissait M. Malbeste, et sa réponse, du 16 octobre 1835, fut le refus de sa demande.

Cependant les termes de cette réponse de Monseigneur de Quélen sont un témoignage si touchant du parfait désintéressement de ce prêtre, selon le cœur de Dieu, que je crois de mon devoir de la rapporter ici tout entière.

La voici telle que nous la possédons :

« Monsieur le Curé,

« Tout en m'édifiant beaucoup, la pre-
« mière partie de la lettre que vous m'avez
« écrite en date de ce jour, m'a sensible-
« ment affligé. L'exposé que vous me faites
« des motifs qui vous déterminent à re-
« mettre le gouvernement d'une paroisse,
« qui vous doit presque tout ce qu'elle est
« actuellement, me paraît sans doute aussi
« fort qu'il est triste, et je ne devrais

« peut-être pas plus hésiter à recevoir vo-
« tre démission, que vous n'avez balancé
« à la donner. Toutefois, en lisant avec
« attention la seconde partie de votre
« lettre, en considérant les ressources con-
« solantes que le zèle et l'union de vos
« chers collaborateurs peuvent encore vous
« offrir, ainsi qu'à moi, je me rassure, et
« j'ose croire que si la diminution très-sen-
« sible de vos forces semble appeler un
« nouveau pasteur à Sainte-Élisabeth,
« rien ne saurait remplacer, pour cette
« paroisse, le spectacle de vos vertus sa-
« cerdotales et l'appui de votre longue
« expérience.

« C'est pourquoi je vous engage à réflé-
« chir de nouveau devant Dieu, comme
« je le ferai moi-même, avant de vous re-
« garder comme libre d'un fardeau, pe-
« sant sans doute à votre âge, et après tant
« d'honorables travaux, mais dont vous

« pouvez encore porter avec avantage pour « le diocèse, sinon la charge, du moins « la dignité.

« Je vous demande donc du délai, avant « de prononcer définitivement sur votre « séparation d'un clergé qui vous vénère « comme son modèle, et votre éloigne- « ment d'une famille spirituelle qui vous « chérit comme son père. L'un et l'autre, « j'en suis sûr, auraient à souffrir s'ils se « voyaient privés de vos conseils et de « votre direction.

« L'acte que vous venez de faire doit « suffire au repos de votre conscience. « Lorsque la mienne m'aura commandé d'y « donner suite, et de consommer l'œuvre « de votre retraite, je vous en avertirai. « Jusque-là, je désire que cette démarche « de votre part demeure entre nous. Toute « communication aurait des inconvénients « qu'il est important de prévenir.

« Je vous dois mes prières, Monsieur « le Curé, vous ne serez pas oublié ; ne « cessez vous-même de recommander à « Dieu mes besoins et ceux d'un diocèse « auquel appartient ma vie tout entière.

« Recevez ici la nouvelle assurance de « la tendre affection avec laquelle je suis « votre tout dévoué serviteur.

« HYACINTHE, archevêque de Paris. »

Malgré ces paroles si flatteuses et si rassurantes du saint Archevêque, la pensée de l'éternité occupait si profondément l'esprit et le cœur de M. Malbeste, que la nuit et le jour il appelait à lui la solitude. Il n'y avait que là, disait-il, qu'il lui serait donné de remercier Dieu des jours que la Providence lui accordait, pour méditer la mort et pour s'y préparer.

Il y eut de nouvelles instances de sa part

pour se démettre de sa charge pastorale, et ces instances ont quelque chose de noble qui n'appartient qu'à des âmes privilégiées ; il y eut aussi de nouvelles prières de la part de son clergé pour le retenir à la paroisse ; rien encore ne l'ébranla.

Sa réponse était en ces mots :

« *Je ne puis plus offrir le saint sacrifice*
« *pour mes enfants, je ne puis donc rester*
« *au milieu d'eux.* »

Il écrivit de nouveau, et dans la crainte d'attrister sa vieillesse, le Pontife, par sa réponse du 28 octobre, accepta en ces termes honorables la démission du pieux Curé.

« Monsieur le Curé,

« Les instances que vous m'adressez,
« pour obtenir l'autorisation de remettre

« enfin le gouvernement de votre paroisse, « me déterminent, malgré le regret que « j'éprouve, et malgré la douleur que votre « éloignement doit causer à vos chers pa- « roissiens, à rompre le lien qui vous at- « tachait à Sainte-Élisabeth et à vous dé- « charger du fardeau pastoral ; j'accepte « votre démission, et vous exprime en « même temps ma reconnaissance, pour « les soins que vous avez donnés à cette « portion du diocèse qui vous avait été « confiée.

« Il ne m'est pas possible cependant « de vous permettre de vous isoler et de « vous cacher absolument dans la re- « traite ; j'ai désiré vous attacher à mon « église métropolitaine, où votre piété « nous offrira encore de bons exemples. « Les provisions de chanoine honoraire « que je joins ici vous rapprocheront « d'ailleurs de moi, en vous donnant des

« liens de confraternité avec les vénéra-
« bles membres du chapitre de Notre-
« Dame.

« J'attends pour faire connaître votre
« successeur, que vous m'ayez annoncé
« qu'il peut prendre possession, sans rien
« troubler de vos arrangements person-
« nels.

« Que le souverain pasteur de nos âmes
« veuille bien confirmer les vœux et la
« bénédiction, que vous demandez avec
« tant de foi, à celui dont le cœur et la
« main les répandent sur vous avec la plus
« tendre affection.

« HYACINTHE, archevêque de Paris. »

Maintenant il se livrera à la solitude ; il méditera en silence le mystère de la croix ; il repassera les jours anciens et contemplera les années éternelles ; il s'éloigne donc de sa paroisse, se retire dans la rue Saint-Jacques, en face l'église de ce nom; et là, il prie, il souffre, il édifie encore le ciel, comme il ne cesse d'édifier la terre; car malgré les douleurs que lui font éprouver ses nombreuses infirmités, tantôt il reçoit ses prêtres, les entretient de Dieu, de sa paroisse, de ses enfants; tantôt il laissse approcher de lui ses amis, leur racontant ses mille anecdotes gracieuses, leur parlant de leurs familles ou de leurs intérêts: et chacun était heureux de le voir, de l'entendre, de le bénir!

Ce sentiment de bonheur qu'il inspirait si généralement aux autres, cet aimable et saint vieillard le ressentait également en lui-même; la joie brillait dans son regard, éclatait dans ses paroles et remplissait son âme de consolation.

Une fois entr'autres, il la manifesta de la manière la plus gracieuse et la plus spirituelle dans une visite qu'il fit, à l'âge de quatre-vingt-cinq ans, à l'Institution des Sourds-Muets : les enfants l'entouraient, lui témoignaient par leurs gestes et l'expression de leurs visages la satisfaction que leur causait sa présence, et le vieillard attendri leur parlait, oubliant près d'eux leur infortune : ils ne pouvaient l'entendre !

Sous l'impression de ce bonheur, il écrivit aussitôt ces vers qui furent inscrits ensuite dans le réfectoire de l'Institution, comme souvenir de sa visite et comme hommage à son talent :

O vous qui désirez connaître les merveilles
Que le ciel à la terre a daigné révéler,
Voyez comme en ces lieux on entend sans oreilles,
Comme sans langue on sait parler !

Dieu ménageait à son heureuse vieillesse des jours d'un bonheur bien pur, récompense méritée d'une vie entière de vertus! Une dernière consolation lui restait encore sur terre, elle lui fut donnée, et cette consolation, la plus douce et la plus délicieuse qu'ait pu désirer ce cœur si vraiment sacerdotal, fut pour lui comme le prélude de ces joies qu'il allait bientôt éprouver au ciel.

Détails sur la fête de la Conception. — Célébration de cette fête à Sainte-Élisabeth. — Triomphe de M. Malbeste. — Ressouvenir poétique du saint vieillard. — Il reçoit les derniers Sacrements. — Sa mort.

Dans le douzième siècle, en l'une de ces assemblées littéraires, si connues sous le nom de *Palinods,* mot grec qui signifie *chant répété,* le sujet et le prix de la conception de Marie furent proposés et institués par le duc Guillaume-le-Roux, à l'occasion d'un événement miraculeux, arrivé à l'abbé du monastère de Ramsay en Angleterre.

Député par ce prince à la cour du roi de Danemarck pour y prévenir la guerre qui le menaçait, ce religieux fut favorisé d'une vision, et à son retour, il en fit part à son souverain. La sainte Vierge lui était apparue au milieu d'une tempête violente, et lui avait commandé, pour prix de son salut, d'établir la fête de la Conception, le 8 décembre de chaque année, lui prescrivant en outre le rit qu'elle voulait y voir observé. Le prince acquitta religieusement le vœu de son envoyé et l'ordre de la Reine du ciel, et il institua cette fête dans ses États.

Robert Wass, poëte anglo-normand de ce siècle, mit en vers la vision de l'abbé de Ramsay ainsi que l'établissement de la fête par le duc. Je les transcris à la fin de cet ouvrage : ces vers respirent la simplicité la plus naïve et la plus aimable[1].

Quoi qu'il en soit de ce fait, la célébration de la fête de la Conception de la Sainte-Vierge était déjà répandue dans tout l'Orient, comme fête d'obligation pour les fidèles, lorsqu'elle s'établit dans les pays occidentaux ; il est difficile d'assigner précisément le premier auteur de cette institution dans nos contrées. Plusieurs peuples en revendiquent la gloire, et leurs nobles réclamations sont un témoignage de la sagesse et de la convenance de cette fête. Les souverains pontifes enrichirent cette dévotion d'un grand nombre d'indulgences, et sans en faire un dogme de foi catholique, ils laissèrent cependant entrevoir qu'ils désiraient voir cette pieuse et vénérable croyance devenir celle de l'Eglise universelle. « L'opinion de l'Immaculée Con-« ception, dit Bossuet, a je ne sais quelle

[1] Voir la note n° 6.

« force qui persuade les âmes religieuses ;
« après les articles de foi, je ne vois pas
« de chose plus assurée. »

Au treizième siècle, Renoulf d'Humblières, évêque de Paris, avait institué cette fête dans son diocèse ; ce fut seulement de nos jours qu'un des plus illustres successeurs de ce prélat, Mgr de Quélen, la rendit obligatoire, l'éleva au rang des fêtes solennelles, et en fixa la célébratiou au deuxième dimanche de l'Avent.

Le jour de cette ordonnance fut pour M. Malbeste un jour de bonheur ; il voyait enfin, à son extrême vieillesse, arriver l'accomplissement de son vœu le plus ardent : c'était pour lui la bénédiction de Dieu.

Toutes les paroisses de Paris entrèrent avec joie dans la pensée de leur pieux Archevêque ; Sainte-Élisabeth voulut même célébrer cette première solennité avec la pompe habituelle de ses grandes cérémonies. La présence de M. Malbeste rendit la fête plus brillante, et laissa dans tous les cœurs un délicieux souvenir de ce jour.

Un journal de ce temps fit en ces mots la relation de cette visite du bon pasteur à son ancien troupeau[1].

UNE FÊTE A SAINTE-ÉLISABETH

Le monde a ses joies et ses fêtes : laissons-les-lui, car la religion possède aussi les siennes, et à celles-ci la paix de la conscience et la douce mémoire du cœur. Nulle passion criminelle, nul désir coupable, nul crime, et par conséquent nul remords ; mais la joie, et le souvenir de la joie qu'on a goûtée, encore une fois voilà la religion et ses fêtes.

Quoi de plus simple, et néanmoins quoi

[1] Journal des Villes et des Campagnes.

de plus capable de réjouir le cœur, que l'arrivée d'un père au milieu d'une famille dont il s'est vu depuis longtemps éloigné! Voyez-le, lui témoignant sa tendresse; entendez-le, lui parlant de son bonheur de la revoir, lui redisant les vœux qu'il a formés et que chaque jour il forme pour elle! Et puis, si ce vieillard vénérable a consolé les malheureux, s'il a réuni des cœurs divisés, s'il a donné de ses biens à ceux de ses enfants les moins privilégiés de la fortune, quelle joie! quel élan d'amour! quel empressement en chacun d'eux à lui prouver sa reconnaissance! Plus de distinction, et l'enfant riche, et l'enfant pauvre, et celui qu'accable la douleur, et celui que la prospérité comble de ses faveurs, qu'importe pour un père? ses bras s'ouvrent; son cœur s'épanche, on est heureux! Vrai spectacle de charité!

Telle était dimanche, 8 décembre 1839, l'église de Sainte-Élisabeth.

Un vieillard y officiait au salut, c'était le bon M. Malbeste, chanoine de Paris et ancien curé de cette paroisse. Vingt-quatre ans pasteur et père d'une nombreuse famille, il avait su gagner tous les cœurs, et tous étaient en paix sous sa conduite; mais Dieu l'éprouva, et le juste se soumit. Une infirmité l'obligea à quitter son poste après plus de soixante années d'un ministère toujours honorable, et depuis quatre années, l'absence le tenait éloigné de tant d'enfants qu'il dirigeait, de tant d'affligés qu'il consolait, et de tant de pauvres qu'il nourrissait. Cependant, larmes, regrets, tout s'est évanoui dimanche.

C'était le jour où se célébrait la fête de la Conception Immaculée de Marie, et à pareil jour, en 1794, M. Malbeste, alors encore sous le coup de la hache révolutionnaire, avait formé le vœu, conjointement avec mademoiselle Christophe de Beaumont, de propager de tout leur pouvoir le culte de la Conception de la plus pure des vierges. Ce jour était donc bien digne de son cœur, et son cœur ne manqua pas à son amour.

M. Malbeste eut la consolation de se voir assisté de M. l'abbé Jardin [1], actuellement curé de la paroisse de Sainte-Élisabeth, et de M. l'abbé Lacoste, successeur de ce bon vieillard, et prédécesseur de celui qui les remplace si dignement tous les deux; puis à l'autel tous les anciens membres de son clergé, puis après eux tous ceux qui le connurent et l'aimèrent.

Silence! la bénédiction se donne : c'est un père qui bénit sa famille; maintenant autre scène, autre consolation. Une marche triomphale se prépare, chacun le

[1] Voir la note n° 7.

presse, chacun l'entoure, chacun lui parle, et ce bon père, malgré son âge, répond à de si nombreuses marques d'attachement; à l'un, c'est un mot de vieille amitié; à l'autre, c'est un mot d'encouragement et de tendresse; à tous, c'est un souvenir affectueux; jeunes et vieux, connus et inconnus, ils pleurent! A la sacristie, nouvelles démonstrations; il faut le voir, l'entendre, lui parler, baiser ses mains paternelles et sacerdotales.

Enfin arrive l'heure du départ; mais il est nécessaire de passer devant la chapelle de Marie. On y dit des prières, et la Confrérie s'y trouve assemblée, il y entre; les yeux, les pensées, les cœurs, tout est pour lui. Il s'agenouille et il prie. O saint vieillard! qu'avez-vous dit à votre mère? Sans doute vous avez demandé qu'elle bénisse et le père et les enfants! Votre prière sera exaucée. Il se lève : un mot à ces jeunes vierges, un mot à ce peuple de fidèles; *priez, priez pour moi, mes petits enfants, aimez bien le bon Dieu et aimez-vous les uns les autres*. N'est-ce pas l'Apôtre bien-aimé au milieu de ses disciples?

Cette journée, qui fut pour le bon vieillard ce qu'est pour le voyageur ou le malade un repos bienfaisant, ranima dans son âme affaiblie par l'âge, quelques étincelles de ce feu poétique qui brilla en lui au temps de sa jeunesse.

Ce fut peu de temps avant sa mort, et encore tout entier à la joie que lui causa sa bienheureuse soirée à Sainte-Élisabeth, qu'il se rappela de charmants vers du P. Ducerceau sur la vanité des plaisirs du monde.

Ceux de mes lecteurs qui les ignorent me sauront gré de les leur faire connaître.

Purpureum florem, formâ deceptus, amabam,
Venit hyems; rapuitque meum mihi barbara florem.
Huic successit apis, digitum sed acumine læsit.
Post etiam nostros meruit sibi passer amores,
At celeri aufugiens lusit me perfidus ala.
Dilexi et Tircim, mors abstulit improba Tircim.
Nunc te, Christe, amem, nunc toto pectore amabo,
Cui neque bruma potest neque mors inimica nocere,
Quique tuos nec, Christe, fugis nec lædis amantes.

Ces vers si pleins de naturel, de fraîcheur et de grâce, occupèrent entièrement l'esprit du bon vieillard, et la pensée lui vint de les traduire en sa langue. Le voilà à l'œuvre, mais l'application que demandait nécessairement cette traduction le fatigua, et alors d'affectueux reproches lui furent adressés. Pour toute réponse à ces reproches de ses amis, il répétait son mot ordinaire, que : *Vivre sans s'occuper, c'était mourir*. Enfin les vers furent traduits, tels que je les offre ici à ceux qui me liront. Ils n'ont pas la précision du latin, mais ils en sont la traduction fidèle autant qu'élégante, et d'ailleurs ils sont l'œuvre d'un vieillard de quatre-vingt-sept ans.

J'aimais à cultiver une charmante fleur;
L'hiver vient, et détruit l'objet de mon ardeur.
Une abeille succède à ma folle tendresse,
Mais de son dard aigu la perfide me blesse.
Un gentil passereau la remplace à son tour;
Il s'envole et se rit de mon nouvel amour.
Plus que le monde enfin, je t'aimais, ô Lismène,
Et la cruelle mort vient de rompre ma chaîne!
À qui donc maintenant porterai-je mes vœux?
À vous, Seigneur, qui, seul, pouvez me rendre heureux!
À vous, qui dominez les frimas, la mort même,
Et qui ne savez fuir, ni blesser qui vous aime!

Ce cri de son âme vers Dieu fut la dernière expression de son amour; il avait combattu les combats du Seigneur et gardé la foi qu'il lui avait jurée. Le bon pasteur n'avait donc plus qu'à recevoir la couronne, et déjà les anges la tenaient suspendue sur sa tête.

On était à l'octave de l'Épiphanie, et le saint vieillard voulut jouir une dernière fois de la consolation de recevoir son Dieu. Il appelle à son lit de douleur son ami, le confident de ses pensées, et, avant que vienne à lui le Dieu qui doit protéger son dernier passage, il se lève, se revêt de sa soutane, de son surplis, de son étole, de toutes les marques de sa dignité de prêtre et de pasteur; il veut mourir comme il a vécu.

Les derniers jours s'approchaient enfin, et plus ils devenaient proches, plus ses douleurs acquéraient de force. Dans le délire que lui causaient ses étranges souffrances, Dieu seul occupait encore ses pensées; on l'entendait s'écrier qu'il lui avait promis de ne plus pécher, et, tant que sa voix put désormais se faire entendre, il ne cessa de parler latin, comme s'il eût craint de profaner le peu d'instants qu'il avait encore à passer sur la terre, en parlant une autre langue que celle de l'Église.

Quand le prêtre de Jésus-Christ, chargé de lui ouvrir les portes du ciel, vint offrir à son âme religieuse les derniers secours et les dernières indulgences de la foi, le vénérable vieillard paraissait ne plus rien comprendre; il était anéanti : toutefois, s'approchant du mourant, son ami se hasarda à lui dire quelques mots en latin : « Mon père, me reconnaissez-vous? » Le son de cette voix qui lui est chère réveille le malade de son anéantissement, il se ranime, ouvre les yeux, le regarde, et lui dit dans la même langue : « Je reconnais toujours la voix d'un ami. » Ce furent en quelque sorte ses dernières paroles. L'huile sainte coula sur ses membres, et le vieillard, qu'avaient illustré soixante années de combats glorieux, puisa dans les derniers sacrements de la religion la force de souffrir et de mourir en saint.

M. Malbeste a enfin senti son heure ; il rompt ses liens, il pose son âme sur l'âme du Sauveur en croix, et Dieu ceint doucement son front de la couronne d'immortalité.

Le 22 février 1841 le Juste a quitté la terre !

Cette mort affligea ses amis ; tous ils s'y attendaient, et cependant cette séparation de la mort est si contraire à la nature du cœur de l'homme, qu'il est difficile de se défendre, à ces douloureux moments, de cette tristesse profonde devant laquelle tout tombe, force et courage. La foi seule les donne à l'espérance.

Une consolation dernière était néanmoins réservée à Sainte-Élisabeth ; une permission spéciale de Monseigneur l'Archevêque et du chapitre, y autorisa la présentation du corps de son saint pasteur Une foule immense et tout en pleurs, un nombreux clergé des différentes paroisses, un service solennel, rien ne manqua à la douleur, comme à la reconnaissance et à l'édification qu'avaient imprimées dans les cœurs tant d'années du plus honorable ministère.

FIN.

I

Chapitre II, page 36.

Il était arrivé ce jour à jamais mémorable dans les annales du clergé. La multitude, aux gages des grands moteurs, environnait la salle, en occupait les avenues, et surtout la terrasse des Feuillants, du côté des Tuileries. C'est à travers les injures qu'elle vomit et les menaces qu'elle répète contre le clergé fidèle, que les évêques et les prêtres du côté droit entrent à l'assemblée. L'heure marquée approche ; la foule fait retentir jusqu'au fond de la salle ces hurlements de mort : *A la lanterne ceux qui refuseront !* Ce signal avertit le président que l'heure de l'appel nominal a sonné ; il annonce qu'il va le commencer.

Quelques-uns des députés laïcs observent l'indécence de ces clameurs sanguinaires ; ils demandent une députation qui mette fin à cette violence, afin que le clergé puisse répondre au moins avec une apparence de liberté. « Non, Messieurs, répondent « alors les ecclésiastiques de la droite, ne vous « occupez pas de ces clameurs d'un peuple qu'on « abuse. Son erreur et ses cris ne dirigeront pas « notre conscience. »

Le président se lève enfin et commence l'appel. Le premier qu'il somme de prêter serment est M. de Bonnac, évêque d'Agen.

Au milieu du silence de l'assemblée, le saint prélat s'écrie d'une voix ferme : « Les sacrifices de « la fortune me coûtent peu ; mais il en est un « que je ne saurais faire, celui de votre estime et « de ma foi ; je serais trop sûr de perdre l'une et « l'autre, si je prêtais le serment qu'on exige de « moi. »

Cette réponse si pleine de dignité captive un instant l'admiration de l'assemblée. Le président continue l'appel.

Après l'évêque d'Agen, le premier nom prononcé est celui de M. l'abbé Fournet, curé de Saint-Puy-Miclant, dans le même diocèse. Sa parole est belle comme celle de son pasteur : « Messieurs, vous avez prétendu nous rappeler aux

« premiers siècles du christianisme, eh bien, avec « toute la simplicité de cet âge heureux de l'Eglise, « je vous dirai que je me fais gloire de suivre « l'exemple que mon évêque vient de me donner. « Je marcherai sur ses traces, comme le diacre « Laurent marcha sur celles de Sixte ; je le suivrai « jusqu'au martyre. »

(*Histoire du Clergé pendant la Révolution française*, par M. l'abbé Barruel, t. I.)

II

Chapitre III, page 65.

L'ancienne famille de Gourgues, célèbre dans les différents siècles de la monarchie, a fourni un grand nombre de magistrats aux parlements de Paris et de Bordeaux.

Les jeunes élèves de M. l'abbé Malbeste étaient nés du mariage de Armand-Guillaume de Gourgues, président au parlement de Paris, et de demoiselle Pinon, fille et sœur de présidents à mortier du même parlement. Leur père mourut sur l'échafaud en 1793.

L'aîné, Armand-Dominique-Ange-Louis, né en 1777, épousa Mlle de Montboissier, dont il eut quatre filles. Le roi Charles X le nomma pair de France et gentilhomme de sa chambre; il en exerça les fonctions jusqu'à la révolution de 1830. A cette époque, il quitta Paris, et se retira, près de Bordeaux, dans une terre qui fut donnée par Henri IV à l'un de ses ancêtres, Dominique de Gourgues, en récompense de ses services.

Il mourut maire de Bordeaux, au mois d'août 1840.

Le second, Auguste-François, né 1779, s'allia à la famille du surintendant Fouquet, et laissa deux fils. Il précéda son frère dans la tombe, il mourut le 2 juin 1839.

La sœur de ces deux nobles descendants de tant d'hommes distingués, mariée à M. le comte de Bullion, reste aujourd'hui seule à retracer la piété et les vertus de sa famille en se faisant le soutien et la consolation de toutes les infortunes.

III

Chapitre IV, page 92.

Pierre Laujon naquit à Paris en 1725. Il fut poëte et a laissé plusieurs volumes de poésies dramatiques et légères; ses vers sont naturels et harmonieux. Il s'y distingue surtout par un sentiment que fait naître un fond de chaleur et de sensibilité qui animent l'expression.

Voici cette ode à l'Eternel qui fut, dans l'ordre du salut, l'instrument de sa réconciliation avec Dieu.

Être infini! source première!
Suprême auteur de l'univers!

O toi que, sous des noms divers,
Adore la nature entière!
Permets qu'en ce jour solennel,
Au son brillant de la trompette,
La reconnaissance répète :
Gloire à jamais à l'Éternel!

Ta providence universelle
Embrasse la terre et les cieux;
Être invisible à tous nos yeux,
La bienfaisance te décèle!
La raison et la vérité
S'unissent en vain pour te peindre;
Leurs flambeaux sont prêts à s'éteindre
Dans la nuit de l'éternité.

Quel art dans la voûte azurée
Suspendit ces mondes nombreux?
Quel pouvoir les retient entre eux
Dans une harmonie assurée?
Qui sépara la nuit du jour?
Qui remplit la terre féconde?
Est-il un cœur qui ne réponde :
« Dieu, sa puissance et son amour! »

Quels biens cet amour nous présage!
Des êtres créés par tes mains

Tu distingues les seuls humains ;
Pour nous la vie est un passage ;
Oui, tu veux que l'humanité,
Si la vertu lui sert de guide,
Après une course rapide
Arrive à l'immortalité.

Dans tous les biens qu'il nous dispense
L'Éternel marque sa grandeur.
Vérité ! justice ! candeur !
Vous resteriez sans récompense !
Contre ce blasphème imposteur
S'il retient encor sa vengeance,
Athée impur ! que l'indulgence
T'annonce au moins ton créateur !

Ingrat ! interroge ton âme !
Quel autre qu'un Dieu la forma ?
Eh ! quel autre en toi renferma
Ce faible rayon de sa flamme ?
Abjure un néant destructeur !
Cruel ! veux-tu, par un blasphème,
A l'infortune, à la mort même,
Ravir un Dieu consolateur ?

Dieu bienfaisant ! plus tu pardonnes,
Plus le crime t'ose outrager !

Ah ! notre ardeur à te venger
Fait croire que tu nous la donnes.
Reçois dans ton sein paternel
Ce vœu de toute la nature :
Guerre à l'orgueil, à l'imposture !
Gloire à jamais à l'Éternel !

(*Œuvres de Laujon*, t. III.)

IV

Chapitre VIII, page 212.

Une de ces causes célèbres fut celle de Mme de Rohan. Parmi les auditeurs de M. Bellard se trouvait le trop fameux Fouquier-Tainville, ancien procureur au Châtelet, alors sans fonctions.

Lorsque le défenseur eut cessé de parler, et que les juges se furent retirés pour la délibération, cet homme se jette au milieu du cercle formé autour de Bellard. Deux ruisseaux de larmes coulaient des yeux de ce Fouquier-Tainville, qui bientôt devait lui-même en faire répandre de si amères et de si abondantes : *Mon cher,* s'écria-t-il, dans un transport d'admiration et de sensibilité, *ce sont des monstres, s'ils la condamnent!*

Mlle de Rohan fut acquittée.

Peu de temps après, et lors de l'institution d'un tribunal révolutionnaire à Paris, Fouquier-Tainville y fut nommé accusateur public!

(*Notice sur M. Bellard*, par M. Billecoq.)

V.

Chapitre VIII, page 213.

A l'occasion de la noblesse accordée par le Roi à plusieurs membres du conseil municipal, ceux-ci avaient fait choix de M. Geoffroy pour l'expédition de leurs lettres-patentes. M. Geoffroy vit donc M. Bellard à différentes reprises, pour conférer avec lui sur les formalités à remplir et sur les armoiries qu'il devait adopter.

Un jour que ce référendaire lui soumettait plusieurs modèles, M. Bellard, à qui ni les uns ni les autres ne paraissaient convenir, lui dit ces propres paroles :

« *Je trouve fort bien tous vos modèles, mais*
« *cette fleur de lis que j'y vois pourrait me*
« *donner un peu d'orgueil. Je voudrais placer*
« *dans mes armoiries quelque indice de mon*

« *humble origine, s'il pouvait naître en moi.*
« *Je suis, Monsieur, le fils d'un honnête artisan*
« *du Marais qui exerça longtemps, et avec hon-*
« *neur, l'utile profession de charron. A l'aide*
« *d'une fortune modeste, fruit de son travail et*
« *de son économie, il parvint à établir et à éle-*
« *ver ses enfants; c'est à ce digne père et aux*
« *sacrifices qu'il a faits pour mon éducation que*
« *je dois le peu que je vaux aujourd'hui : il est*
« *juste que je reporte vers lui la reconnaissance*
« *des bienfaits que Sa Majesté daigne répandre*
« *sur moi.* »

Pénétré de respect et de sensibilité à ce langage, M. Geoffroy imagina de lui proposer qu'une cognée fût placée dans son écu. M. Bellard s'empressa d'accueillir cette idée, et les armoiries furent ainsi réglées : tranché d'azur à la fleur de lis d'or et d'argent à la cognée de salle.

(*Notice* par Billecoq.)

VI

Chapitre IX, page 242.

C'est comment la Conceptions Notre Dame fu establie.

Maistre Guaces, uns clers sachanz,
Nos espose et dit en romanz,
En quel tans, comment, et par cui,
Fut commencié et establi
Que la feste fust célébrée,
Que conçeue et engendrée
Fu madame sainte Marie.

Guillaume venait de conquérir l'Angleterre; il apprend que le roi de Danemarck lève des troupes et veut venger la mort de Harold.

A ses barons se conseilla
Qu'en Danemarche envoiera

Savoir sejà par nul endroit
As Danois paix faire porroit.
Helsins, uns hons qui mult savoit,
De Ramisie abbés estoit,
Bien cointement savoit parler,
Et bon conseil prendre et doner;
Mult étoit de bonne éloquence,
Si parloit par grant sapience.

Guillaume le fait venir, lui explique ses intentions, lui donne ses ordres. Muni de pleins pouvoirs, l'ambassadeur s'embarque, arrive en Danemarck et parvient à faire signer la paix.

Après avoir atteint le but de sa mission, il se remet en route. A peine son vaisseau est-il en pleine mer qu'une tempête affreuse vint à s'élever. Le jour fait place à l'obscurité; les vents sifflent, les éclairs brillent, la foudre gronde, tout l'équipage est monté sur la proue;

Chascuns se gist, et crie, et pleure,

et croyant toucher à son heure dernière adresse au ciel des prières ferventes. Au plus fort de la tempête, un ange vint se placer sur le vaisseau, en appelant Helsins. Le saint homme se rend auprès de l'envoyé céleste, qui lui dit:

Helsins, si tu t'en veus raler,
Se tu de la mer viens oissir
Et sains en ton païs venir,
Voe et promet que tu feras
A tous les ans que tu vivras,
Et à faire l'enseingneras,
As Eglises que tu porras,
La sainte feste et le saint jor
Que la mère nostre Seignor,
La roine bonéurée
Fu conceue et engendrée.

Mais, répond Helsins, comment nommera-t-on cette fête? Quel jour sera consacré à sa célébration? de quelle manière en fera-t-on l'office? Le messager de Dieu lui répondit ainsi :

La Conceptions que je di
Est en décembre, à l'uisme di:
L'uisme jor devers l'entrée
Doit la feste estre célébrée.

Quant à l'office,

Tout cel de sa nativité
Qui est VIII jors dedanz septembre,

Cel mesme di en décembre
Tout le service sans muance
Fors seul le non de sa naissance.
Là où nativité dit l'on,
Illuec diras Conception;
Conception illuec diras
Là où l'on dit nativitas.

Helsins ayant promis de remplir les engagements qu'il vient de contracter, l'ange le quitta, et soudain la tempête cessa, le jour reparut, et les vents protecteurs le conduisirent en peu de temps à Londres. Sitôt qu'il eut débarqué, il s'empressa de venir à la cour pour y rendre compte de sa mission et surtout du grand événement qui lui était arrivé.

Revenu dans l'abbaye de Ramsay, il ordonna de célébrer la fête de la Conception,

Tant con l'abéïe dureroit;
Et en plusieurs lieus la fait-on
Et nos tuit faire la devon.

(*Robert-Wace*, publié par M. Manuel, à Caen. — Roquefort, *Essai sur l'état de la Poésie française dans les XII*e *et XIII*e *siècles.*)

VII

Chapitre IX, page 248.

Le 27 août 1842, Sainte-Élisabeth perdait de nouveau son pasteur. Une courte maladie avait enlevé M. l'abbé Jardin à ses prêtres qui l'aimaient, et à ses paroissiens dont un ministère de six années lui avait mérité l'estime et l'affection.

Aujourd'hui celui dont j'ai retracé la vie et celui, dont Sainte-Élisabeth garde la précieuse mémoire sont réunis dans la même tombe, comme ils furent unis dans leurs sentiments d'amour pour leur paroisse.

CHAPITRE II.

CHAPITRE III.

CHAPITRE IV.

CHAPITRE V.

CHAPITRE VI.

CHAPITRE VII.

CHAPITRE VIII.

CHAPITRE IX.

—

www.ingramcontent.com/pod-product-compliance
Ingram Content Group UK Ltd.
Pitfield, Milton Keynes, MK11 3LW, UK
UKHW012200240726
13966UKWH00002B/463

9 782011 743428